実務が必ずうまくいく

教務主任の仕事術 55の心得

佐藤 幸司 著
Sato Koji

明治図書

はじめに

　みなさんは,「教務主任」というと,どんなイメージをもっていますか。

　　いつもパソコンに向かって仕事をしている。
　　毎日,遅くまで学校で仕事をしている。
　　ときどき,土曜日や日曜日にも学校に来て仕事をしている。
　　…

　とにかく,「仕事をしている」というのが,教務主任のイメージのようです。
　しかも,その仕事には,「元気に,はつらつと」ではなく,「大変そう…」というマイナスのイメージが伴っているようです。
　かくいう私も,学級担任をしていたときには,教務主任の仕事に対しては同じようなイメージをもっていました。
　一方で,教務主任の仕事が,学校全体の動きに大きな影響を及ぼすことも感じていました。

　学校運営の責任者は,校長です。
　けれども,日々の生活において実際に現場を動かしているのは,教務主任なのです(もちろん,校長の監督を受けながら,です)。
　日課表の組み方,会議の内容,行事の日程調整等,学校生活に直接かかわってくる事柄は,教務主任の提案によって決定されていきます。
　教務主任の提案から,学校生活にリズムが生まれていくのです。
　教務主任の仕事は,多岐にわたり,その量も膨大です。
　それだけ,責任があり,やりがいのある仕事なのです。

世の中の役に立つ人は，忙しいのです。
　だから，教務主任が忙しいのは当たり前です。
　多忙感を超えるほどの充実感を味わえるのが，教務主任の仕事なのです。

　しかしながら，気合いだけで乗り切れるほど，教務主任の仕事は単純ではありません。
　どんな仕事にも，"勘所"というものがあります。
　教務主任の仕事の勘所をしっかり押さえて，能率的かつ効果的に毎日の仕事をこなしていきたいものです。

　その手助けとなるのが，本書です。

　本書には，教務主任の実務をむだなく，そつなく，そして充実感をもって成し遂げるための55の心得を記しました。
　55の心得は，すべて学校現場での仕事・実践を基に，具体的な事例として示してあります。
　55の事例を読んでいただければ，すべての仕事・実践を貫いている"教師のブレない思い"に気付かれるはずです。
　その思いがあればこそ，教務主任の仕事が価値あるものになります。

　せっかく認められて教務主任になったのです。
　ぜひ，教務主任の仕事を楽しんでください。
　教師が楽しければ，子供も楽しいのです。
　教務主任が楽しければ，学校の職員も子供たちも，みんなが楽しいことでしょう。

2013年3月

佐藤　幸司

Contents

はじめに

第1章　フレッシュ教務主任のスタートダッシュ！

1　0からのスタートではない——8
2　"物"をすっきりさせる——10
3　第1回職員会議を乗り切る——12
4　自分は何をしてほしかったかを思い出せ——14
5　新しさは自分らしさ——16
6　転入生が来たら——18
7　転出（転校）が決まったら——20
8　新任式と始業式——22
9　提出文書に忙殺されるな——24
10　4月の山場はPTA総会——26
11　5月大型連休は自分へのごほうびを——28

第①章 ラストメッセージ——30

第2章　法規に強くなれ！～なぜその仕事をするのか？～

12　教務主任とは何か？——32
13　教頭と教務主任の違い——34
14　職員会議は決議機関？——36
15　職員会議が長引きそうなとき，どうする？——38
16　時間外勤務を命じることができるか？——40
17　教育課程とは？——42
18　表簿は何年保管すればよいのか？——44
19　教科書と補助教材——46
20　給食費はだれが払うのか？——48
21　教師に休憩時間はあるのか？——50
22　学校の施設を他の団体に貸すのはなぜ？——52

第②章 ラストメッセージ——54

第3章　教務主任の仕事&整理術 〜教務主任の身だしなみ〜

- 23　書類をカテゴライズせよ——56
- 24　締切日や出張予定をメモするな——58
- 25　1年分の枠組みを——60
- 26　見通しをもつ——62
- 27　月予定表と週予定表をリンクさせる——64
- 28　会議の運営術——66
- 29　教務主任の危機管理——68
- 30　机の上には何も置かない——70
- 31　引き出しの中の整理術——72
- 32　アタッシュケースがおすすめ——74
- 33　一流企業の電話対応を目指せ——76
- 第❸章 ラストメッセージ——78

第4章　仕事を楽しめ！ 〜これが教務主任のいいところ〜

- 34　授業に出よう——80
- 35　健康を維持するために——82
- 36　代理になることを意識する——84
- 37　週予定表に「一言メッセージ」を——86
- 38　「教育反省」から「教育実践レビュー」へ——88
- 39　集計にはエクセルをフル活用——90
- 40　"読ませる"文書をつくる——92
- 41　現職教育のススメ——94
- 42　1日の仕事の優先順位を——96
- 43　全校朝会に落ち着きを——98
- 44　頼りにされている証拠と思え——100
- 第❹章 ラストメッセージ——102

第5章　教育課程をつくる〜学校の未来が見えてくる〜

- 45　法規を再確認せよ——*104*
- 46　11月から動き出せ——*106*
- 47　基本方針が基本！——*108*
- 48　校内委員会を機能させる　　*110*
- 49　教育実践レビューと保護者の声から——*112*
- 50　時数配当表をつくる——*114*
- 51　年間行事予定などはエクセルの複数シートに——*116*
- 52　校風＋"新しさ"を——*118*
- 53　年度末の表簿を確認する——*120*
- 54　提出書類をまとめる——*122*
- 55　4月のスタートダッシュが見えたか？——*124*

おわりに

第1章
フレッシュ教務主任のスタートダッシュ！

新年度―。
教務主任にとっても，希望の春です。
新しい学級での子供たちとの出会いは，なくなりました。
けれども，教務主任には，新たに見えてくる景色があります。
その景色の中に，教務主任だからこそ成し遂げられる価値ある仕事を見つけていきましょう。

Chapter 1

第1章
フレッシュ教務主任の
スタートダッシュ！

1　0からのスタートではない

> **CHECK**
> 教師人生初の教務主任—。
> でも，危ぶむなかれ。
> 学校には，必ず，これまでの"積み上げ"がある。

☑ 学級担任から教務主任へ

　年度末，
「来年は，何年生の担任かな…」
と，あれこれ思いを巡らせていたら，校長室に呼ばれました。
「〇〇先生，来年は，ぜひ教務主任をお願いしたいと思っています」
　校長先生の言葉に，
「えっ，私がですか？」
とびっくり！
　自分は，まだアラフォー世代（ということにして，この項は話を進めます）。
　あと10年ぐらいは，学級担任をしながら，子供たちといっしょに毎日を過ごしていきたい。そんな思いをもっていました。
　教務主任なら，先輩の先生で適任者がいるのでは，と考えてみました。
　でも…。
　昨今の人事異動で，ずいぶんと職員室も若返りました。
　気付いてみたら，自分は，上から数えた方が早い年齢になっていました。
「はじめての教務主任で，いろいろと御苦労をかけるかもしれないけど，よろしくお願いしますね」
と，校長先生。となりに座っている教頭先生からは，

「○○先生なら，大丈夫だよ」
という励まし？　の言葉。

　何を根拠に「大丈夫だよ」と言ってもらっているのかもわからずに，こうしてフレッシュ教務主任が誕生していくのでした。

☑ 謙虚に　かつ　自信をもって尋ねる

　学級担任と教務主任の仕事とでは，内容がかなり違います。
　新しく覚えなければならない仕事が山ほどあります。
　けれども，危ぶむことはありません。
　学校は，組織です。社会的な信用もある組織です。当然，その運営に関しては，これまでの積み上げ（財産）が残っています。年間行事や授業時数等の教育課程に関しても，前年度のうちに大半が決定されています。
　困るのは，その書類やデータがどこにあるかがわからないことなのです。
　新しく教務主任に命じられるのは，前年度の教務主任が異動する場合がほとんどでしょう。引き継ぎの時間は，そう長くはありません。
　前任者がいるうちに，たくさん質問しておきましょう。その場合，資料の置き場（データが入っているフォルダ）をしっかりと確認しておきます。
　ただし，いくらわからないことを尋ねるからといって，
「はじめてで何もわからないので…」
などと，自分を卑下してはいけません。
　質問は謙虚に，でも，自分の仕事には自信をもって堂々と取り組みます。
　謙虚さと大胆さが，同僚からの信頼へとつながっていくのです。

心得1

教務主任には，3月中にしておかなければならない仕事もある。だが，正式な校内人事発表は新年度4月1日である。3月下旬の"微妙な時期"は，さりげなくあまり目立たせることなく準備を進めておく。

第1章
フレッシュ教務主任の
スタートダッシュ！

2 "物"をすっきりさせる

> **CHECK** 教務主任の仕事に取りかかる前に、やっておかなければならないことがある。それは、自分が仕事に集中するための環境づくり。すなわち、整理整頓である。

☑ 余分な物は処分する

　教務主任と学級担任との違い―。

　それは、まず、自分の教室がないことです。

　この環境は、最初はちょっと疲れるかもしれません。担任教師にとって、子供が帰った後の教室というのは、ほっと一息つける安らぎの場でもあるからです。

　でも、これはすぐに慣れます。時間の経過と共に、校長先生や教頭先生、その他の担外の先生方と和やかに過ごせるようになるはずです。ちょっと気分を変えたいときには、校舎内を見回って、廊下の掲示物がはがれていないかなどを点検してみるのもいいでしょう。

　自分の教室がないという環境は、さらにもう1つ、困った事態をもたらします。それは、自分の物の置き場がなくなるということです。

　教師は、何かと「物持ち」です。

　私はあまり物をため込まない方ですが、それでも、自作の教材や書籍、文房具などが教室に置いてありました。

　担任する学級が変わるのであれば、次の教室に荷物を運べばそれで済みます。ところが、今回の移動先は職員室です。収納スペースは、大幅にダウンします。

収納するスペースがないのであれば，処分するしかありません。
　教務主任になれば，めったに使わない物もたくさんあるはずです。
　必要になったら，また買えばいい。
　そう割り切って，前年度のうちに整理整頓に取りかかります。
　新学期になってから教務主任が教室の荷物を一生懸命に片付けていた…。
　そんな事態は避けなければなりません。
　新年度のスタートダッシュのためには，整理整頓をきちんとして，心も身の回りもすっきりさわやかにしましょう。

☑ 書類を「寝せない」

　書類の整理は，積み重ねないことが基本です。
　たまに，職員室の机の上に山のように書類を積み重ねて，
「自分は，この方が必要な書類が見つかりやすい」
と豪語する人がいますが，それは違います。すべての書類がそこに置いてあるから，捜せば出てくるだけの話なのです。
　積み重ねない（寝かせない）ためには，ファイルに綴じることです。
　教務主任におすすめなのは，頑丈なパイプ式のファイルです。学級担任時代には，リング式ファイルが便利でした。
　けれども，教務主任になると書類の量が激増します。
　パイプ式ファイルに，すっきりと書類を綴じ込みましょう。

心得 2

新年度を気持ちよくスタートさせたい。
そのためには，自分の荷物の整理整頓が重要。
身の回りを美しく整えて，"できる教務主任"を演出しよう。

第1章
フレッシュ教務主任の
スタートダッシュ！

3 第1回職員会議を乗り切る

> **CHECK**
> 4月最初の大仕事。それが，第1回職員会議である。ここをスマートに乗り切り，教務主任としての第一歩を着実に踏み出そう。

☑ 定刻開始・時間内終了を

4月1日，新年度最初の日。
さっそく，第1回の職員会議が開催されます。
職員会議の「仕切り屋」は，もちろん教務主任です。
職員は，あなたの最初の仕事ぶりに注目しています。

A　はじめての教務主任とは思えない仕事ぶりだ！
B　はじめての教務主任なので，仕方がないな…。

初日，あなたは，A or B，どちらの評価を得たいですか？
もちろん，目指すべきはAです。
気負う必要はありません。でも，
「はじめてで，不慣れなので…」
などと，むだな謙遜をする必要もありません。
　自然体が一番強いのです。
　気を配るべきは，時間配分です。
　最初の職員会議を予定時刻通りに始めて，予定時間内に終了させる。
これができれば，限りなく「A」に近い評価が得られることでしょう。

☑ 資料をそろえる

第1回の職員会議で提示・提案されるのは，概ね次のような内容です。
①学級担任発表，学校教育目標，学校経営方針
②主な校務分掌
③教育課程・月の行事予定
④その他（職員室の机配置，勤務について…など）
①担任・教育目標等は，校長から示されます。
②校務分掌は，教頭から示されることが多いはずです。
これらが提示されるのは，すべて法令によって定められているからです。

※校長は「校務をつかさどり」，教頭は「校務を整理し」ます。詳しくは第2章「法規に強くなれ！」で述べます。

教務主任の出番は，④教育課程や行事予定です。

教育課程は，前年度のうちに完成しているはずです。その引き継ぎをきちんと行い，印刷・製本をしておきます。

職員が一番知りたいのは，年度初めの予定です。決めなければならないことや提出物もたくさんあります。

そこで，月の行事予定表と一緒に，週の予定表を配付します。

これを別々に作成したのでは，仕事の能率がよくありません。「月予定表」と「週予定表」は，エクセルファイルで同じ書式で作成します。すると，「コピー→貼り付け」の作業だけで，「週予定表」をつくることができます。

実際の「予定表」のつくり方は，第3章で説明します。

心得 3

何事も最初が肝心。
資料の準備（印刷・綴じ込み）に落ち度はないか。
評価「A」を目指して，自然体で臨め。

第1章 フレッシュ教務主任のスタートダッシュ！

4 自分は何をしてほしかったかを思い出せ

> **CHECK** 自分が学級担任をしていたとき，どんなことを教務主任からしてほしかったかを思い出してみる。
> すると，教務主任の日常として何をすべきかが見えてくる。

☑ 臨時日程の朝

　学校には，決められた日課があります。子供の学校生活のリズムを考えれば，日程はできるだけ変えない方がいいのはもちろんです。
　けれども，行事などの関係で臨時日程が組まれることがあります。
　頻繁に日程が変わるのは考えものですが，臨機応変な対応も必要です。
　私の勤務校は，ノーチャイム制をとっています。子供たちも職員も，時計を見て行動しています。
　ところが，臨時日程のときは，授業の開始・終了時刻等が頭の中に記憶されていません。
「1時間目は，何時からでしたか？」
「職員会議の資料に書いてありましたね」
「あれ，職員会議の資料，どこにしまったかな…」
　こんな会話が，朝の職員室で飛び交います。
　そのうちだれかがファイルから資料を捜し出し，その部分をコピーします。
「さすが，○○先生。必要なものがすぐに出てきますね」
　教室の掲示用にと，拡大コピーして持って行く担任もいます。
　職員間のコミュニケーションには多少役立っているようです。けれども，朝の忙しい時間を考えると，改善していきたい場面です。

☑ 臨時日程表（掲示用）を配る

　私が学級担任をしていたときに，「あればいいのになぁ」と思っていたことの1つが教室掲示用の臨時日程表でした。

　それを前日の放課後に学級数＋職員室用を印刷して配付します。

　つくり方は，簡単です。

　日程は，すでに提案済です。その文字データをコピーして，Ａ4サイズの文書に貼り付けます。

　次に，文字を用紙いっぱいに拡大します。

　この日程表は，その日しか使いません。ですから，印刷するのは，「裏面再利用」の用紙で十分です。

　はじめてこの日程表を配ったとき，

「今年は，こういうのをもらえるんですね。ありがとうございます」

といううれしい言葉を職員からもらいました。

```
臨時日程    1月8日(火)


8:30      健康観察
8:40      3学期始業式
  進行 教務
  1 開式の言葉         教頭
  2 校歌斉唱     指揮 音楽部  伴奏 6年児童
  3 児童代表の言葉    1年（    ）
                     4年（    ）
  4 校長先生のお話
  5 閉会の言葉         教頭

9:00～ 9:45       1時間目
9:50～10:35       2時間目
10:40～10:55      清掃
11:00～11:45      3時間目
12:00            児童下校
```

心得 4

教務主任のちょっとしたアイデアが，学校全体のリズムをつくる。学級担任時代に自分が「教務主任にこれをやってほしい」と感じていたことを，1つずつ実行していく。

第1章 フレッシュ教務主任のスタートダッシュ！

5 新しさは自分らしさ

> **CHECK**
> どうせやるなら，楽しくやりたい。
> 忙しい日々にも，充実感がほしい。
> そのために，必要なものは何か？

☑ 充実感をもつために

　同じ時間仕事をしているのに，充実感が残るときと，疲労感が残るときがあります。

　学級担任をしている場合は，授業を楽しく進めることができたときや，1つの行事を成功裏に終えたときには，充実感が疲労感を上回ります。

　逆に，学級・学年の子が問題を起こして，放課後遅くまでその対応に追われたりすると，学校を出るころには疲労感がのしかかってきます。

　教務主任になると，子供と直接接する時間は減ります。

　その代わりに，学校全体にかかわる仕事が増えます。

　そこが，教務主任の仕事においてやりがいのあるところです。

　充実感のある仕事ができるかどうかは，自分らしく仕事ができるかどうかにかかっています。

　つまり，人からやらされている仕事ではなく，自分が生み出している仕事に変えていくのです。

　本章の最初で述べたように，前年度の教務主任から引き継いだデータがたくさんあることでしょう。

　でも，それを一文字も変えずにそのままプリントしたのでは，自分らしさは出てきません。

レイアウトを工夫したり，見出しを別の書体に変えたりするだけで，文書のイメージが変わってきます。

☑ 改良と新提案を

自分らしさを出すには，2つのやり方があります。

1つは，昨年度まで行われてきたやり方に，少しの改良を加えることです。「前年度の踏襲」という言葉があります。

これは，「新たな提案性のない消極的なやり方だ」と，マイナスのイメージにとられることがあります。

けれども，前年度までのやり方の中にも，それが行われてきた何らかの意義があるはずです。

まずは，その意義を理解し，そのよさを引き継ぎながら，改良を少しずつ加えていきましょう。

もう1つは，昨年度まではなかった新たな取り組みです。

例えば，前項で示した「臨時日程表」の配付です。

他にも，自分のアイデアや同僚の声を生かして，新しいことに躊躇せずに取り組んでみましょう。

もし，労力の割に効果が薄いのであれば，また別のやり方を考えればいいのです。

何かと忙しい新学期だからこそ，教師にも元気が必要です。

フレッシュ教務主任が，はつらつと仕事をしている姿を見せて，職員室に元気の風を吹かせましょう。

心得 5

責任のある仕事は，やりがいのある仕事である。
自分らしさをさりげなく出しながら，教務主任の仕事を楽しんでいこう！

6 転入生が来たら

> **CHECK** 転出入の手続きは，教務主任の大切な仕事の1つ。
> 新年度，転入生が保護者といっしょに突然来校！
> そのとき，あわてないために知っておくべきことがある。

☑ 初期対応が大切

「何事も最初が肝心」なのは，転入生への対応でも同様です。

最初の対応で保護者が好印象を受ければ，その後の関係も良好に保たれます。逆に，そこで失敗すると（学校に対する不信感を与えてしまうような対応をすると），修復するためには大きな労力が必要になります。

転入生の親子が，新年度の初日，4月1日に，さっそく学校にやってくることがあります。役所で転居の手続きを済ませて，その足で学校に直行する場合です。

はじめての転出入事務です。保護者の方にも，あいさつの中で自分にとってこれがはじめての仕事であることを伝えます。そして，
「私にとって，○○さんは記念すべき忘れられないお子さんになりました」
と話しましょう。

☑ 受け取るもの と 渡すもの

この日に必ず受け取る書類は，次の3つです。

①転入学証明書

転入先（こちら）の市町村区役所からもらいます。「市民課」等に「転

入届」を出し，「転入学通知書」を窓口で受け取ります。
要するに，「この住所だと，この学校になります」という通知書です。
②**在学証明書**
前の学校からもらってきます。
間違いなく「本校に在籍していました」という証明書です。
③**教科用図書給与証明書**
前の学校からもらってきます。教科書関係の書類です。教科書は，地区によって採択している出版社が異なります。同じ出版社の教科書を継続して使用するか，他社の場合は新しく無償配布となります。

逆に，こちらから渡すのは，例えば次のものです。

①始業式の日程が書いてある「学年だより」
②集金関係（口座引落）の書類
③体育着・給食着・ネームプレート等の購入方法

他にもいろいろ必要なものがあるかもしれませんが，学校が始まってからでも大丈夫です。これらを学校の封筒（住所・電話番号等が印刷されているもの）に入れて渡します。保護者の連絡先（携帯電話番号等）を聞いておくと，何か急な連絡が出てきたときに役立ちます。
帰りは昇降口まで一緒に行き，下足箱の確認をしてから見送ります。

心得6

転入生から受け取る重要書類は3つ。
こちらから渡す書類も3つ。
歓迎の気持ちをていねいな対応で示す。

第1章
フレッシュ教務主任の
スタートダッシュ！

7 転出（転校）が決まったら

> **CHECK** 転出は，学期末・学年末が多い。
> 忙しい時期であるからこそ，連絡があったら，転出関係書類の準備に迅速に取りかかる。

☑ 転入手続きの逆をイメージ

前項に，転入生から受け取る重要書類3つについて述べました。
転出の場合は，逆にその3つをこちらが準備します。

①転入学証明書
　転出先の市町村区役所から，保護者が受け取ります。
②在学証明書
　書式データが校内のパソコンにあるはずです。
　パソコンで作成し，校長印（公印）を押します。
③教科用図書給与証明書
　教科書事務担当者にすぐ連絡して作成してもらいます。

　①転入学証明書については，「転居先の役所に行って『転入届』を出すと，窓口でもらえます」と，保護者に伝えます。
　もう1つ重要なのは，会計関係です。
　給食費・学習費・積立金（修学旅行関係）などがあります。きちんと計算をして，返金または不足分の集金など，適正に処理するように担当職員に連絡します。

☑ 便利な「連絡」

事前にこのような保護者向けプリントを用意しておくと便利です。

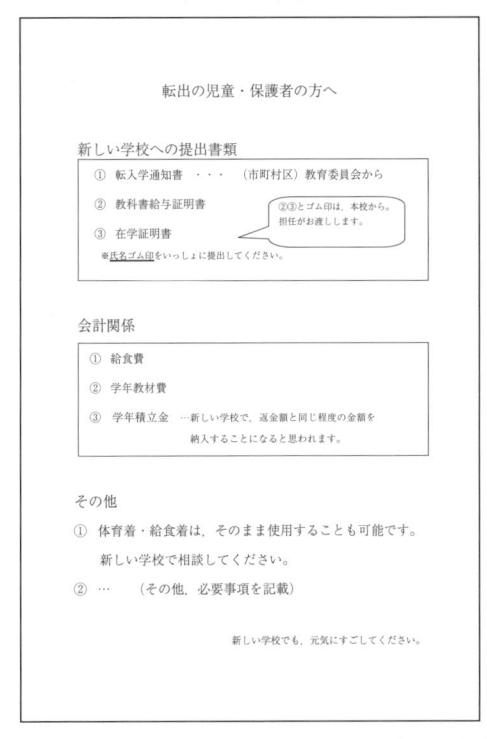

```
                転出の児童・保護者の方へ

  新しい学校への提出書類
   ① 転入学通知書 ・・・ （市町村区）教育委員会から
   ② 教科書給与証明書         ②③とゴム印は，本校から。
   ③ 在学証明書               担任がお渡しします。
   ※氏名ゴム印をいっしょに提出してください。


  会計関係
   ① 給食費
   ② 学年教材費
   ③ 学年積立金 …新しい学校で，返金額と同じ程度の金額を
                 納入することになると思われます。


  その他
   ① 体育着・給食着は，そのまま使用することも可能です。
       新しい学校で相談してください。
   ② …   （その他，必要事項を記載）

                       新しい学校でも，元気にすごしてください。
```

　転校の手続きで保護者が来校したときに，このプリントを見ながら説明をします。職員からも，「忘れていることがないかどうか，確認しながら話ができる」と好評です。

心得 7

転出の際は，諸会計の精算も重要。誤りのないように，時間に余裕をもって正確に行う。
できれば，「氏名ゴム印」を書類と一緒に持たせる。

第1章　フレッシュ教務主任のスタートダッシュ！　21

第1章
フレッシュ教務主任の
スタートダッシュ！

8 新任式と始業式

> **CHECK** 新任式と始業式は，実質上の新年度のスタート。
> この日を教師も気持ちよくスタートできるように，教務主任としてやるべきことを考える。

☑ 新任式は職員への気配りを

　新任式では，新任職員の紹介が行われます。
　職員にとっても，新任校での子供たちとの出会いの日は緊張するものです。新しい学校での仕事に，少しの不安を覚えている場合もあります。
　そうした緊張や不安をやわらげてあげるのも，教務主任の仕事です。
　大切にしたいのは，やはりコミュニケーションです。
「今日からいよいよ始まりますね。よろしくお願いします」
と，朝，こちらから声をかけます。
　当日の動きを明確に知らせておくことも大切です。
　例えば，次のような動きです。
　　・8：25まで，校長室で待機
　　・体育館から校内電話で連絡。教頭が先導して体育館へ移動
　　・パイプ椅子に着席
　　・進行の指示で登壇
　　・あいさつの順番，およその時間について確認
　この日は，「自分は，新任の先生方の担任」というくらいの気持ちで，気配りをしてみましょう。

☑ いよいよ担任発表

　新任式を終え，始業式へと移りました。
　子供たちは，
「担任の先生はだれだろう？」
と胸をわくわくさせています。
「わくわく」とは，「期待または心配などで，心が落ち着かず胸が騒ぐさま」をいいます。
　それは，教師にとっても同じです。
　自分の名前が担任として告げられたときに，子供たちはどのような反応をするだろうか…。教師ならだれでも，そんなことを思った経験があるはずです。
　担任発表の仕方は，学校によって様々でしょう。

校長が担任の名前を呼び，担任が返事をする。
それに対して，子供たちから自然な拍手が起こる。

　そんななごやかな雰囲気の中で担任発表が行われる学校だといいですね。
　いずれにしても，子供たちが過度な反応を示すような発表の仕方は避けるべきです。
　事前に校長から発表の仕方について話を聞き，職員にも連絡をしておきます。

心得 8
「子供たちとの新しい学級での出会い」は，なくなった始業式の日。
学校全体に視野を広げてみる。
教務主任にしかできない大切な仕事がある。

第1章　フレッシュ教務主任のスタートダッシュ！

第1章
フレッシュ教務主任の
スタートダッシュ！

9 提出文書に忙殺されるな

> **CHECK** 教務主任には，大量の文書が回ってくる。
> それらの重要度を見極め，締め切り日を確認して，計画的に処理していく。

☑ 優先順位を決める

　新年度，教務主任には，教育委員会に提出しなければならない書類がたくさんあります。

　書類の作成は教務主任が行いますが，「校長が教育委員会に提出する」のです。特に，公印が必要な書類は，重要度"高"です。

　締め切り日に遅れたり，内容が不備だったりすると，校長の恥になります。ですから，期日に余裕をもって，確実に提出するようにします。

　一度に複数の提出文書が届くときがあります。そんなときは，処理する順番＝優先順位を決めます。

　優先すべきは，締め切り日です。締め切りがほぼ同時期であれば，内容が軽いものをまず片づけて，その後，重いものにじっくり取りかかります。

　ときおり，文書が届いた数日後が締め切り日などという，急ぎの報告書作成依頼が届くことがあります。これは，教育委員会の担当者が，新任で仕事に慣れていないために，文書の発送が遅れたのが原因であることが多いようです。

　でも，それに文句を言っても仕方ありません。
「みなさん，苦労しているんだね」
と余裕で受け止めましょう。

☑ 重要！　教育課程の届け出と報告

　4月末日までに提出しなければならない書類の1つに，「教育課程の届け出と報告」があります。
　これは，法令で定められている重要な書類です。

「地方教育行政の組織及び運営に関する法律」
　　第23条「教育委員会の職務権限」
※教育委員会が学校の教育課程を管理・執行する

⬇これを受けて

（例）山形市立小・中学校管理規則（教育委員会規則）
（教育課程）第3条
※校長は，4月末までに教育課程を届け出なければならない。
　翌年度4月末までに，その実施状況を報告しなければならない。

　要するに，今年度の教育課程と昨年度の実施状況を4月末までに届け出・報告をしなければならないというわけです。
　おそらく，これが一番手ごわい報告書です。
　不明な点があれば，前年度の教務主任とも連絡を取りながら，計画的に作成を進めましょう。

心得 9

> 提出物の遅れは，相手に迷惑をかける。それは，自分だけでなく，学校全体の信頼にかかわる問題になる。それだけ責任ある仕事を任せられている，という自負をもって取り組む。

第1章
フレッシュ教務主任の
スタートダッシュ！

10 4月の山場はPTA総会

> **CHECK**
> 「PTA総会が終わるまでは地獄だ…」という話を聞くことがあるかもしれない。
> でも，「地獄」に行かなくても済む仕事術がある。

☑ 見通しをもつ

教務主任になると，自動的にPTA担当になる場合が多いと思います。

4月は，PTAの立ち上げ時期です。

校務だけに目を奪われていると，ついPTA関係の仕事が遅れがちになります。ここは，同時進行で，見通しをもって仕事を進めなければなりません。

PTA関係の最大の仕事は，PTA総会です。

平成24年度，私の勤務校のPTA総会までの日程は，このようになっていました。

   4月9日（月）　入学式
    ⬇（その週の金曜日）
   4月13日（金）　第1回PTA役員会
    ⬇（約1週間後）
   4月22日（日）　PTA総会

入学式の約2週間後にPTA総会が開催されます。

見通しをもって準備をしておかないと，大変なことになります。

労力が必要なのは，資料の印刷・資料綴じ・配付です。

これを逆算して，次のような予定を立てます。

  4月19日（木）　資料，各家庭に配付
     ⇧
  4月18日（水）　資料綴じ完了
     ⇧
  4月17日（火）　資料印刷完了

すべて，1日分の余裕をもって準備を進めていきます。

☑ システムをつくる

　これらの準備をすべて一人でやったのでは，時間がいくらあっても足りません。

　教務主任に限らず，主任の仕事というのは，その仕事すべてを一人で行うのではありません。

　端的に言えば，それは，システムをつくることです。

　資料の原版は，教務主任が作成します。

　印刷は，担外の職員に手伝ってもらいます。新年度最初の週，小学校では，担外が受け持つ授業はまだ少ないはずです。声をかければ，気持ちよく協力してくれます。

　資料綴じは，1年生の分は職員が行います。放課後，6年生に手伝ってもらうのも妙案です。最上級生としての自覚を促すことにもつながります。

心得 10

> 膨大な仕事を一人で抱え込まない。
> 学校全体が動き出すシステムをつくることこそが，教務主任としての大切な仕事である。

第1章
フレッシュ教務主任の
スタートダッシュ！

11 5月大型連休は自分へのごほうびを

CHECK PTA総会が終われば，大型連休が待っている。「地獄」に行かないで済むようにがんばった自分に，ごほうびをあげよう。

☑ 楽しめ！

　何事も，めりはりが大事です。
　ギターの弦だって，強く張ったままにしておくと，やがては切れてしまいます。逆に，たるんだままでは，美しい音は響きません。
　4月1日に教務主任としての生活がスタートし，1か月間がんばってきました。
　大型連休は，自分へのごほうびがもらえるときです。
　1日ぐらいは（別に2日でもいいのですが…），学校の仕事から離れて心身をリフレッシュさせましょう。
　家でゆっくりするのもいいでしょう。
　読書に没頭する。
　音楽に耳を傾ける。
「今日は，車を運転しない」と決めて，昼間からグラスを傾けるのも，ちょっとオシャレです。
　出かけるのであれば，"自然派"か"都会派"かを決めます。
　自然の美しさは，感性を豊かにしてくれます。
　都会の洗練された風景は，センスを磨いてくれます。
「どこに出かけて何をしようか」と考えるだけで，何だか気分が高揚してく

ることでしょう。

☑ 連休明けもめりはりのある生活を

　休みが数日続くと，学校に行きたくなくなります。
　（子供も，教師も同じです）
　でも，これは，仕方がありません。
　楽しいこと・楽なことが続けば，それにしがみついていたくなる。
　人間の自然な感情です。
　連休が明けたら，1週間の周期でめりはりのある自分自身のリズムをつくります。
　例えば，食事です。
　私は，平日は，健康に気を配った食事をします。
　職場で間食はしませんし，甘いものも口にしません。
　ビールは，夕食時に350mL缶1本。ものたりないときには，ノンアルコールビールを飲みます。
　そのかわり，週末はあまり気にせずに飲食をします。暴飲暴食はしませんが，油っこいものもOK，ビールの量も若干（？）増えます。
　土日は研修会に出かけることが多いのですが，家にいるときには，たいてい原稿を書いています。
　こうして自分の実践や考えを文章に表すことは，私にとって楽しみの1つなのです。
　週末には，楽しいことをやる。これが，翌週への活力になります。

心得 11

張りっぱなしは，だめ。
たるみっぱなしも，だめ。
大切なのは，めりはりのある生活である。

11

第1章　フレッシュ教務主任のスタートダッシュ！　29

第1章
ラストメッセージ

　転出入に関する書類の受け渡しで,「送った,送っていない」「受け取った,受け取っていない」などの食い違いがあったら大変です。
　そこで,双方の学校で,必ず受け取り文書を交わします。

転入があったとき

　心得6に書いたように,まず,3つの重要書類を受け取ります。
　次に,前在籍校(校長宛)に,以下の書類等の送付を依頼します。

①指導要録の写し(学籍に関する記録・指導に関する記録)
②健康診断票
③氏名ゴム印

　これらが届いたら,速やかに「受取書」を送ります。
　これで,転入生に関する書類のやりとりは完了です。

転出があったとき

　心得7に書いたように,まず,3つの重要書類を渡します。できれば,氏名ゴム印も一緒に持たせるようにしましょう。
　しばらくすると,受け入れ先の学校から,「指導要録の写し」「健康診断票」の送付を依頼する文書が届きます。
　これは,後日,必ず送らなければならない書類です。
　転出の書類準備をするときに,そこまで見越して送付書も準備しておきましょう。
　先方から受領書が届けば,転出生に関する書類のやりとりは完了です。

第2章
法規に強くなれ！
～なぜその仕事をするのか？～

　　学級担任のときは，法規のことなどほとんど意識しませんでした。
　　教師の仕事は，子供たちの幸せのためにあります。
　　では，なぜその仕事をするのでしょうか。
　　その答えは，すべて法に示されています。
　　教務主任は，その答えを，法を根拠に導き出します。
　　法によって守られ，法によって支えられている。
　　それが，公教育なのです。

Chapter 2

第2章
法規に強くなれ！
〜なぜその仕事をするのか？〜

12 教務主任とは何か？

> **CHECK** 教務主任になったらもつべき新たな知見。
> それは，教育法規に関して，である。
> 教師の仕事は，法によって定められているのである。

☑ 校務分掌の1つ

　教務主任は，職ではありません。教務主任に任命されるのではなく，校務分掌として校長から命じられます。
　教務主任は，これまで通り教諭なのです。
　では，教諭の仕事とは何でしょうか？

　　教諭は，児童の教育をつかさどる。
　⇒学校教育法第37条⑪

「つかさどる」とは，「役目として，そのことを行う」を意味します。
　中学校も同様です（準用）。児童を生徒に置き換えて解釈してください。
　教務主任が教科担任として，いくつかの授業を担当する根拠がここにあります。受け持ち時数は各校の事情によって異なりますが，週に10時間程度が一般的のようです。

☑ 法的な位置付け

　では，教務主任の仕事は，法令ではどのように定められているのでしょうか？

教務主任は，校長の監督を受け，教育計画の立案その他の教務に関する事項について連絡調整及び指導，助言に当たる。
⇒学校教育法施行規則第44条4

　ここで心にとめたいのは，最後の「指導，助言に当たる」という文言です。
　教務主任は，教諭として，児童の教育をつかさどります。
　学校の教育計画を中心になって作成します。
　同時に，職員への指導，助言にも当たるのです。
　学校には，自分より年上の学級担任をしている職員もいることでしょう。
　'先輩'に対しては，なかなか意見は言いにくいかもしれません。けれども，たとえ相手が年上の職員であっても，教務主任として進言しなければならない場面が出てきます。
　そんなときは，
「その考えも，よくわかるのですが…」
と相手の考えを聞きながらも，なぜそうすべきなのかをていねいに伝えて理解してもらわなければなりません。
　また，教務主任には，教育業務連絡指導手当（いわゆる主任手当）が支給されます。1日につき，200円です（学年主任，生徒指導主事等も同様）。
　これは，人材確保法に基づく教員給与改善の一環として設けられたものです。一部には，主任制度に反対して「主任手当」を搬出する例があるようですが，それは，人材確保法の趣旨に反することです。

心得12

すべての根拠は，法にある。
教務主任とは何か。
まず，自分の存在意義を確かめる。

12

第2章　法規に強くなれ！〜なぜその仕事をするのか？〜

第2章
法規に強くなれ！
〜なぜその仕事をするのか？〜

13 教頭と教務主任の違い

> **CHECK** 教頭の仕事も，法によって定められている。
> 教頭と教務主任の仕事内容を考えるとき，まず，法令上の違いを知らなければならない。

☑ 教頭の仕事

教頭の仕事とは何でしょうか？

　教頭は，校長を助け，校務を整理し，及び必要に応じ児童の教育をつかさどる。
⇒学校教育法第37条⑦

「校長を助ける」とは，校長の補佐をするという意味です。教頭は，校長の命を受け，職務命令を出すことができます。
「校務を整理する」とは，事務的な整理だけではなく校務分掌や校内人事の調整をしたり，外部の関係機関との連絡を行ったりすることを意味します。
「児童の教育をつかさどる」のは，教諭と同じです。ですから，小（中）学校の教頭は，小（中）学校の教員免許状が必要になります。教頭が，週に数時間，授業を担当している学校も多いと思います。その根拠となるのがこの部分です。
　さらに，続けて次のようにあります。

　　教頭は，校長に事故があるときは校長の職務を代理し，校長が欠けたと

きは校長の職務を行う。
⇒学校教育法第37条⑧

　校長が事故・死亡の場合，教頭が校長の職務を代理・代行します。
　校長・教頭が２人とも不在のときに来客があった場合など，教務主任が対応することがあります。けれども，「校長と教頭の代理」として決裁することはできません。
　校長または教頭に連絡をとり，指示を受けなければなりません。

☑ のりしろの仕事

　このように，教頭と教務主任では，職務命令や決裁において，大きな違いがあります。
　前項で，職員への指導，助言が教務主任の大切な仕事の１つだと述べましたが，「命令」という強い形での指導は教務主任にはできません。それは，「職員を監督する」校長の職務であり，「校長を助ける」教頭の役目であるのです。
　一方，教頭と教務主任が分担・協力しながら進めていくべき仕事もあります。教育委員会に提出する様々な文書処理，保護者に配付するプリントの作成などです。
　「のりしろの仕事」という言葉があります。「自分の仕事はここまで」などと境界線は引かずに，相手の分担も少し手伝う，という意味です。
　教頭と意思疎通を図りながら，職員室の仕事を楽しく能率的に進めていきましょう。

心得13

教頭の仕事の法的な位置付けも，理解しておく。
すると，教頭と教務主任の互いの仕事のつながりが，見えてくるようになる。

第2章
法規に強くなれ！
～なぜその仕事をするのか？～

14 職員会議は決議機関？

> **CHECK**
> 毎月定例で開催される職員会議。
> その計画や議題整理は，教務主任の仕事である。
> では，そもそも職員会議とは何なのだろうか？

☑ 法的位置付け

　職員会議とは，何か。その答えは，法に明記してあります。
　2000年１月に，学校教育法施行規則が改正された際，職員会議の法的規定が追加されました。

　第48条
　小学校には，設置者の定めるところにより，校長の職務の円滑な執行に資するため，職員会議を置くことができる。
　２　職員会議は，校長が主宰する。

「設置者」というのは，「市立」小学校であれば，その「市」を意味します。
　具体的には，市町村区の教育委員会が管理規則として定めることになります。例えば，山形市立小・中学校管理規則には，次のようにあります。

　第15条の２　学校に，職員会議を置く。
　２　前項の職員会議に関し必要な事項は，校長が定める。

「校長が主宰する」とは，校長の権限と責任において会議を運営することを

意味します。
　つまり, 職員会議は, 決議機関ではないのです。

☑ 4つの機能

では, 職員会議には, どんな機能があるのでしょうか？
それは, 次の4つにまとめることができます。

①**校長の意思伝達**
　校長の方針を職員に周知します。
②**職員の学校経営参加**
　職員の意見を聞きます。多数決ではありませんが, 職員の意見を生かすことは, 職員の学校経営への参加意識を高めます。
③**職員間の連絡調整**
　職員の連携を図ります。
④**職員の研修**
　職員会議の中で, 児童生徒に対する指導方針等について話し合われることがあります。会議での議論＝研修になります。

　職員会議は, 校長の職務の円滑な執行のためにあります。新たな提案をする場合は, 校長の内諾をもらってから職員会議で話し合うようにします。
　ただし, その提案内容の是非を問うのではありません。
　その提案の趣旨を理解してもらうための話し合いを進めます。

心得14

職員会議で提案する前に, 運営委員会（主任等で構成）でしっかり検討する。当然, 校長からの内諾を得ておく。
提案までの過程をきちんと踏もう。

第2章
法規に強くなれ！
～なぜその仕事をするのか？～

15 職員会議が長引きそうなとき，どうする？

> **CHECK** 会議は，能率的に短時間で終了させたい。
> 共通理解のためには，じっくり話し合う時間も必要だ。
> この相反する2つの考えを，バランスよく生かしていきたい。

☑ 職員会議での協議の前に

　職員会議の法的位置付けを全職員が理解し，議題提出までのしっかりした過程を踏めば，協議が大きくもめることはないはずです。

　ところが，なかなかそうはいかないのが，職員会議の難しいところです。

　「職員会議は，決議機関ではない。校長の職務の円滑な執行のためにある。最終的には，職務命令として従いなさい」

　これは，正論です。

　けれども，これでは職場がギスギスしてしまいます。

　意見の食い違いが，「子供のため」という共通の目的のもとに起きているのであれば，時には時間をかけてじっくり話し合う場も必要です。

　では，その「じっくり話し合う場」をどこに設定したらよいでしょうか？

　学校の規模（職員数）にもよりますが，それは，職員会議ではなく運営委員会で協議すべきです。

　運営委員会は，学年主任等で構成されます。

　運営委員は，いわば，学校の幹部職員です。

　主任の先生方には，「幹部として学校を運営していく」という自覚をもってもらいます。そして，運営委員会で「こうしよう！」と決まった事柄は，学年主任から同学年の先生に伝え，説得してもらいます。

運営委員になっている職員が，職員会議の際に，運営委員会で決まったことに意義を唱えたり，陰で校長の悪口を言ったりしているようでは，組織として健全ではありません。
　ただし，これらのことは，校長または教頭が職員に周知させるべき事柄です。校長・教頭と3人で学校運営について話をする際に，教務主任として運営委員会と職員会議をどのような考え方で進めていきたいのかを伝えましょう。

☑ 了解を先に

　議題を整理して会議に臨んだつもりでも，時間が長引いてしまうことがあります。そんなときには，以下の3つを職員に伝え，了解を得てから会議を継続します。

①延長する理由
　議題内容の緊急性や，再び職員会議を設定することの日程的困難さ。
②終了見込み時刻
　（例）「最大5：30まで延長させてください」
③個人の都合の確認
　どうしても残れない場合は，個人の都合を尊重する。

　これが毎回のことでは困ります。あくまで，特例として，です。
　通常は，時間内に終了できるような職員会議の運営を心がけます。

心得15

> ポイントとなるのは，運営委員会の位置付け。
> 運営委員会メンバーには，「自分たちが中心になって学校を運営している」という自覚と誇りをもってもらう。

第2章
法規に強くなれ！
～なぜその仕事をするのか？～

16 時間外勤務を命じることができるか？

> **CHECK**
> 教員の勤務時間は，あってないようなものなのか？
> 教員に時間外勤務手当は支給されるのか？
> 教務主任として，知っておくべき法令がある。

☑ 勤務時間と給与

　職員会議が時間内に終わらない場合，「そのときだけ時間外勤務を命じて話し合いを続けることはできないのか」という疑問があるかもしれません。

　その答えを示す前に，教員の時間外勤務と手当（給与）の関係について確認します。

　時間外勤務とは，必要があるときに，正規の勤務時間外において命じられる勤務です。超過勤務と同じ意味になります。

　一般の公務員には，時間外勤務に対して時間外勤務手当が支給されます。

　けれども，教員には，この手当は支給されません。教員には，授業を行う他に，教材研究や成績処理，生徒指導や保護者との対応，PTA関係の会合など，様々な職務があります。勤務時間と勤務時間外との間に明確な境界線を引くのは困難です。

　そのため，教員には，時間外手当を支給しない代わりに，本俸の４％の教職調整額が支給されます。簡単に言えば，時間外手当が出ない代わりに，一般の公務員よりも４％高い給料をもらっているわけです。

　さらに，教員特別手当が支給されています。これは，教員に優れた人材を確保するための特別手当です。「人材確保法」によって定められています。

「教員の給料は高い！」

と言われることがありますが，それは，一般の公務員の給与水準に比較してこのような優遇措置が講じられているからなのです。

☑ 時間外勤務，4つの場合

ただし，教員にも，時間外勤務を命じることができる場合が定められています（公立義務教育諸学校等の教育職員を正規の勤務時間を超えて勤務させる場合等の基準を定める政令）。

それは，次の4つの場合です（『歯止め4項目』と呼ばれています）。

①生徒の実習に関する業務
　高校生が校外の工場，施設，船舶等を利用した実習を行う場合
②学校の行事に関する業務
　宿泊学習や修学旅行など
③職員会議に関する業務
　臨時または緊急の場合の会議
④非常災害等やむを得ない場合に必要な業務
　災害が起きて学校が避難所となる場合など

③に「職員会議」とあります。しかし，これは，緊急の必要性がある場合のみです。事前に計画された定例の職員会議を指すのではありません。

つまり，職員会議が延びたからといって，その場で「時間外勤務」を命じることはできないのです。

心得 16

教員にも'法的な'勤務時間はある。
超過勤務の実態を考慮した給与の優遇措置もある。
組織は，法にしたがって動く。

第2章
法規に強くなれ！
〜なぜその仕事をするのか？〜

17 教育課程とは？

> **CHECK** 教務主任の最大の仕事は，教育課程の編成である。
> だからこそ，まず教育課程とは何なのかを法令と結び付けて理解しなければならない。

☑ 法的位置付け

教育課程の定義は『学習指導要領解説総則編』(p.8)に明記されています。

> 学校教育の目的や目標を達成するために，教育の内容を児童の心身の発達に応じ，授業時数との関連において総合的に組織した学校の教育計画

　この記述からわかる通り，授業時数の配当が教育課程を編成する上で重要な要素になります。「確かな学力を確立するために必要な授業時数の確保」は，学習指導要領改訂の基本的な考え方の1つにあげられています。
　また，教育課程は，「総合的に組織」されます。
　これは，授業時数の配当表を完成させればいいというわけではありません。
　教育課程に，必ず含まなければならない計画があります。
　具体的には，**心得9**で述べた「教育課程の届け出」について，市町村区教育委員会の管理規則を調べてみるといいでしょう。
　山形市の場合は，次のように定められています。

> …教育課程には，少なくとも次の事項に関する計画を含むものとする。
> (1)当該年度における教育指導の重点

(2) 年間における予定授業日及び主要行事
(3) 各教科，道徳，特別活動及び総合的な学習の時間の時間数並びにそれらの月又は週ごとの年間配分
(4) 各教科，道徳及び総合的な学習の時間の内容の月又は週ごとの年間配当並びに特別活動の計画の大要
(5) 日課表

これらを備えて，はじめて教育課程といえるのです。

☑ 教育課程と学習指導要領

では，教育課程と学習指導要領との結び付きは，どのようになっているのでしょうか。学校教育法第33条に，次のようにあります。

小学校の教育課程に関する事項は，… 文部科学大臣が定める。

これを受けて，学校教育法施行規則第52条に次のように記されています。

小学校の教育課程については…，教育課程の基準として文部科学大臣が別に公示する小学校学習指導要領によるものとする。

授業（標準）時数は，同施行規則第51条で定めています。学習指導要領に法的な拘束力があるのは，これらの法令に基づいているからなのです。

心得 17

もし，授業の年間の実施時数が標準時数を下回ったとしたら，それは法令に違反する行為である。
授業時数の確保で，教務主任の危機管理が問われる。

第2章
法規に強くなれ!
～なぜその仕事をするのか?～

18 表簿は何年保管すれば よいのか？

CHECK 学期末，年度末に行う帳簿点検。
点検したら，終わりではない。
そこから，保存期間終了までの日々が続く。

☑ 法定表簿

　学校には，備え付けておかなければならない文書や帳簿がいろいろあります。

　法令で規定されている表簿（法定表簿）は，次の7種類です。

　①学校に関係のある法令
　②学則，日課表，教科用図書配当表，学校医執務記録簿，学校歯科医執務記録簿，学校薬剤師執務記録簿及び学校日誌
　③職員の名簿，履歴書，出勤簿並びに担任学級，担任の教科又は科目及び時間表
　④指導要録，その写し及び抄本並びに出席簿及び健康診断に関する表簿
　⑤入学者の選抜及び成績考査に関する表簿
　⑥資産原簿，出納簿及び経費の予算決算についての帳簿並びに図書機械器具，標本，模型等の教具の目録
　⑦往復文書処理簿
⇒学校教育法施行規則第28条

　これらの表簿の中で，特に教務主任の仕事とかかわってくるのが，「④指

導要録」です。また、項目②の中にある「日課表」も、教務主任が作成していることが多いと思います。

☑ 保存期間

　表簿は、保管期間が決まっています。
　指導要録及びその写しのうち、学籍に関するものは20年間です。
　１つの学校に20年続けて勤務することなど、まずありません。今、自分が作成している指導要録が20年先まで校内の書庫に保存されるのです。
　ずいぶんと先の長い話ですが、これは、児童生徒が卒業後、就職などのために履歴を証明する際に必要になることがあるからです。
　他の表簿の保存期間は、プライバシーを保護する観点から５年間となっています。ですから、「指導要録の学籍」は20年間、それ以外は５年間と覚えておきましょう。
　前年度の日課表などについては、つい「もういらないかな…」などと処分してしまいそうになります。けれども、これも５年間保存しなければならないのです。
　表簿を保管してある書庫にも、収納の限界があります。スペースを確保するには、保管期限が切れた表簿を処分することです。
　年度末、表簿を整理するときには、いつ廃棄するのかがはっきりわかるように、「○年廃棄」と付箋などで明記しておきましょう。
　期限切れの表簿を取り出し処分します。その空いたスペースに新しい表簿を入れていくと、書庫の中もすっきりします。

心得18

情報開示と個人情報の保護。
この相反する２つの動きに留意しながら、表簿の管理・取扱いは慎重に行う。

第2章 法規に強くなれ！
〜なぜその仕事をするのか？〜

19 教科書と補助教材

> **CHECK**
> 無償で配付される教科書。
> 学校で注文をして使用している副読本などの教材。
> そこには，果たすべき義務がある。

☑ 教科書とは

教科書（教科用図書）は，法令で定義付けられています。

> 小学校，中学校，高等学校，中等教育学校及びこれらに準ずる学校において，教育課程の構成に応じて組織排列された教科の主たる教材として，教授の用に供せられる児童又は生徒用図書であつて，文部科学大臣の検定を経たもの又は文部科学省が著作の名義を有するもの
> ⇒教科書の発行に関する臨時措置法第2条

要するに，「教科の主教材として使われる図書で，文科省の検定済または文科省の著作のもの」が教科書なのです。
教科書には，使用義務があります。
学校教育法第34条には，
「小学校においては，…教科用図書を使用しなければならない」
とあります。
これは，「必ず使用しなければならない」という意味です。
ですから，もし，教科書を一切使わずに自作教材だけで教科の授業をしている教師がいたとしたら，それは，法令に違反する行為なのです。

☑ 補助教材とは

　では，教科の授業では，教科書以外の教材を使ってはならないのでしょうか？
　そうではありません。
　同じく第34条②に，次のようにあります。

　　…教科用図書以外の図書その他の教材で，有益適切なものは，これを使用することができる。

　これを補助教材と呼びます。教科書を主教材として使用しながら，補助教材を効果的に用いていくのは望ましいことです。
　例えば，小学校3・4年の社会科では，自分たちの住む市（区，町，村）や県（都，道，府）について学びます。その際，市や県の副読本や地図帳を学校で一括注文して使用することがあります。これも「補助教材」の一例です。教科書には無償制度がありますが，補助教材は保護者から集金して，その代金を業者に支払います。
　また，道徳の副読本を購入している学校も多いと思います。道徳は教科ではないので，教科書はありません。道徳の副読本も，補助教材の1つです。
　補助教材の使用に関して，教育委員会への届け出が義務付けられています。
　教務主任は，各学年が使用している補助教材について，正確に把握しておかなければなりません。

心得 19

教科書には，使用義務がある。
補助教材には，届け出の義務がある。
教育水準の維持向上のために，これらの義務が定められている。

第2章　法規に強くなれ！〜なぜその仕事をするのか？〜

第2章
法規に強くなれ！
〜なぜその仕事をするのか？〜

20 給食費はだれが払うのか？

> **CHECK** 保護者が，
> 「義務教育なのだから，給食費は市（区・町・村）が払うべきだ」
> と言ってきたらどうするか。

☑ 感謝していただく

　私が勤務する小学校の給食費は，1食当たり255円です。
　市内のすべての小・中学校の給食が，給食センターでつくられ，各校に届けられます。
　「小規模校の自校給食のほうがおいしい」という声を聞くことがあります。けれども，メニューや味に贅沢を言えば，きりがありません。
　この価格でバランスの取れた食事を毎日いただけるのですから，ありがたい限りです。
　では，なぜ255円という安い価格で，給食を出せるのでしょうか？
　それは，学校給食の設備費や人件費等は，市（区・町・村）が負担しているからなのです。

> 　学校給食の実施に必要な施設及び設備に要する経費並びに学校給食の運営に要する経費のうち政令で定めるものは，義務教育諸学校の設置者の負担とする。
> ⇒学校給食法第11条

　つまり，私たちが払っているのは，食材の代金だけなのです。

☑ 法的根拠を示す

　それなのに，給食費を払おうとしない困った保護者がいます。
　給食費の未納問題です。
「義務教育なのに，なぜ親が給食費を払わなければならないんだ!?」
などと言う「モンスター」が現れたら，どう対応しますか？
　そのときは（そんなときが，ないとよいのですが…），まず，義務教育について説明しましょう。
　義務教育とは，親が子に9年の普通教育を受けさせる義務です。親の義務であることを，最初に理解してもらいます（学校教育法第16条）。
　次に，給食費を親が支払うことを定めた法令を示します。
　それは，前述の「学校給食法第11条」の2によります。

　2　前項に規定する経費以外の学校給食に要する経費（以下「学校給食
　　費」という。）は，学校給食を受ける児童又は生徒の<u>学校教育法第十六
　　条に規定する保護者</u>※の負担とする。
　※子に対して親権を行う者（親権を行う者のないときは，未成年後見人）をいう。

「給食費を親が負担するのは，法で決められているのです。給食費を払わないのは，法に違反するのですよ」
と，はっきり伝えます。

心得 20

「給食費未納の保護者」と話をする前は，まず，「学校給食法」を読んでみる。
理不尽な要求に対する理論武装を怠るな。

第2章　法規に強くなれ！〜なぜその仕事をするのか？〜　49

第2章
法規に強くなれ！
～なぜその仕事をするのか？～

21 教師に休憩時間はあるのか？

> **CHECK** 昼食時には，給食指導。
> 休み時間には，親からの連絡帳や子供の日記に目を通す。
> 教師の休憩時間は，いったいどうなっているのだろうか？

☑ 上位法がある

休憩時間とは，本人が自由に使える時間のことです。
勤務時間の途中において，職員が一切の仕事から離れる時間をいいます。
教師にも，もちろん休憩時間はあります。
これは，法律によって，定められていることなのです。

　　…労働時間が六時間を超える場合においては少くとも四十五分，八時間を超える場合においては少くとも一時間の休憩時間を労働時間の途中に与えなければならない。
⇒労働基準法第34条

　山形県の条例では，職員の勤務時間は週に38時間45分，1日7時間45分となっています。ですから，校長は，職員に対して勤務の途中に45分間の休憩時間を与えなければならないのです。
　労働基準法は，法律です。国会によって定められます。
　条例は，地方公共団体が議会の決議によって定めます。
　法には，上下関係があります。国の立法機関である国会によって定められる法律が，最も強い効力をもちます。法律に違反する条例は存在しません。

☑ 休憩時間のとり方

　一般には，昼食時が休憩時間と位置付けられています。けれども，学校の実態はどうでしょうか？

　昼，給食の時間は，教師には給食指導があります。

「給食を食べながら，少しは休憩もしているだろう…」
などというのは，法を知らない人の言葉です。

　給食の時間は，「勤務から離れて自由に使える時間」ではありません。したがって，休憩時間にはなり得ません。

　授業の空き時間があれば，そこを休憩時間と位置付けることもできます。

　すると，逆に職員の間から，
「空き時間にも，やらなければならない仕事があります」
という不満の声が聞こえるかもしれません。

　でも，その考えは間違っています。休憩時間は，本人が自由に使っていい時間なのです。休憩時間に自分の仕事を進めておくのも自由なのです。

　沖縄県石垣市の小学校に伺う機会がありました。ランチルームで給食を食べた後は，先生方は昼休み（休憩時間）でした。その間，管理職が子供たちの様子をみるということになっていました。

　山形県には，「375通知」と呼ばれる例外措置があります。これは，休憩時間が取れなかった場合は，通常よりも45分前に勤務終了とする措置です。

　休憩時間の与え方は，各学校によって，それぞれの実態に合わせた工夫が必要になります。

心得 21

教師にも，当然のこととして休憩時間はある。
休憩時間の意味を正しく理解し，可能な限り全員が休憩をとれるような日程を組みたい。

22 学校の施設を他の団体に貸すのはなぜ？

> **CHECK** 学校の施設は，学校の教育活動のために設置されている。でも，夕方になると，スポーツ少年団の子供たちがグラウンドや体育館で練習をしているのは，なぜだろう。

☑ 学校施設は何のためにあるのか

　学校施設の使用については，学校施設の確保に関する政令に定められています。政令とは，内閣が定める「命令」のことです。国が定める法の1つで，上下関係では，法律の次に位置します。
　この政令の第3条に次のようにあります。

学校施設は，学校が学校教育の目的に使用する場合を除く外，使用してはならない。

要するに，「学校教育のためだけに使いなさい」という命令です。
ここまで読んだ限りでは，他団体に学校施設を貸すのは違法のようです。
ところが，第3条には，続きがあります。

但し，左の各号の一に該当する場合は，この限りでない。
一　法律又は法律に基く命令の規定に基いて使用する場合
二　管理者又は学校の長の同意を得て使用する場合

☑ 目的外使用が認められるとき

「一」の例としては、選挙の演説会場や投票所としての使用や、非常災害時に避難所として使用される場合などがあります。日常的にスポーツ少年団等が学校施設を使用しているのは、「二」の例に当たります。

これは、他の法によって、奨励されていることなのです。

> 学校の管理機関は、学校教育上支障がないと認める限り、その管理する学校の施設を社会教育のために利用に供するように努めなければならない。

⇒社会教育法第44条

> …国立学校及び公立学校の設置者は、その設置する学校の教育に支障のない限り、当該学校のスポーツ施設を一般のスポーツのための利用に供するよう努めなければならない。

⇒スポーツ基本法第13条

学校の管理機関は、教育委員会です。けれども、使用の許可に関する権限を校長に委任している場合が多いようです。社会教育やスポーツ振興のために、積極的に学校施設の使用を認めていかなければなりません。しかし、これは「教育に支障がない」ことが前提です。卒業式などの式典の前日は、体育館等の使用をストップするのは当然のことです。

心得 22

学校施設は、学校教育のために使用するのが原則。
学校教育上支障のない場合に限り、学校施設の利用にふさわしい団体に学校施設を貸し出す。

第❷章
ラストメッセージ

法令には，上下関係があります。
最高法規は，もちろん，憲法です。
その下位法として，法律・政令・省令・規則があります。

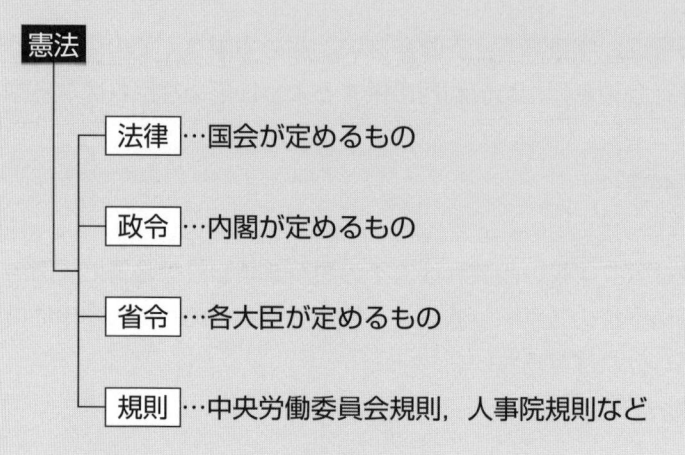

```
憲法
 ├─ 法律 …国会が定めるもの
 ├─ 政令 …内閣が定めるもの
 ├─ 省令 …各大臣が定めるもの
 └─ 規則 …中央労働委員会規則，人事院規則など
```

これらは，国が定める法令です。
これに対し，地方公共団体が制定する法令があります。
それは，条例と規則です。

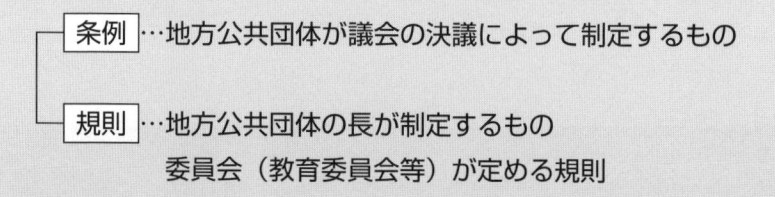

```
 ├─ 条例 …地方公共団体が議会の決議によって制定するもの
 └─ 規則 …地方公共団体の長が制定するもの
          委員会（教育委員会等）が定める規則
```

教育公務員の仕事は，すべて法令によって定められているのです。

第3章
教務主任の仕事＆整理術
～教務主任の身だしなみ～

　教務主任の仕事は膨大です。
　だから，能率的かつ効率のよい仕事の進め方（＝仕事術）をマスターしなければなりません。
　教務主任の仕事術は，かなりの部分で整理術と重なってきます。書類を整理し，子供たちの学習活動が整然と行われるように教育課程を整理します。
　"勘所"を押さえて，そつなく毎日の仕事をこなしましょう。

Chapter 3

第3章
教務主任の仕事&整理術
～教務主任の身だしなみ～

23 書類をカテゴライズせよ

> **CHECK** 教務主任に回ってくる書類の量は半端ではない。
> その都度，すぐに処理しておかないと大変なことになる。
> 書類処理のコツを習得すべし。

☑ カテゴリーを決める

　文書処理のコツは，カテゴリーを瞬時に決定することです。

　カテゴリーとは，日本語では範疇と訳され，同じような性質のものが含まれる範囲を意味します。

　まず，書類を整理するカテゴリーを決めます。

　そして，カテゴリーごとのファイルを準備します。これは，**心得2**に書いたように，パイプ式のファイルがお勧めです。

　私は，次の種類のファイルをそろえました。

　　　　　①教務文書　　　　　②校内文書
　　　　　③職員会議　　　　　④運営委員会
　　　　　⑤PTA関係　　　　　⑥行事　出張
　　　　　⑦学年だより　　　　⑧時間割下学年
　　　　　⑨時間割上学年　　　⑩文書いろいろ

　この中で，ちょっと曲者なのが，「⑩文書いろいろ」です。
　「どこにも入らないものを入れる」とすると，後で文書を探すのに苦労します。このファイルには，「たぶんいらないだろう，でも一応保管しておく」

という程度の文書を綴じ込みます。教育イベントの案内や企業からの出前授業案内，教材の紹介などの文書が該当します。期日があるものについては，定期的に処分するようにします。

☑ "見せる収納"を

　これらのファイルは，すぐ手が届く書棚に並べます。扉付きのロッカー内にしまうのではなく，美しく"見せる収納"を心がけます。

　実は，この中で，「学年だより」と「時間割」だけは，リングファイルを使っています。
　学年ごとに綴じるため，リングファイルの方が出し入れに便利だからです。

心得 23

文書が回ってきたら，瞬時にそのカテゴリーを判断する。
机の上に重ねるのはNG!
ファイルに整理してから，仕事に取りかかろう。

第3章　教務主任の仕事＆整理術～教務主任の身だしなみ～　57

第3章
教務主任の仕事＆整理術
〜教務主任の身だしなみ〜

24 締切日や出張予定をメモするな

CHECK
メモをとるのは，自分のためである。
教務主任は，学校全体の動きを把握しなければならない。
だから，メモをとるのはやめにしよう。

☑ 二度手間を避ける

　自分のスケジュールだけなら，手帳にメモすれば大丈夫です。
　ところが教務主任は，出張関係はもちろん，提出物の締切日等についても，学校全体のことを把握しておく必要があります。
　自分の手帳にメモをしても，結局は別の予定表に書き写さなければなりません。二度手間になります。
　だからメモするのをやめます。
　では，スケジュール管理はどうするのか？
　文書が回ってきたら，最初から右ページのような週予定表（エクセルシート）に打ち込んでおくのです。
　パソコンの画面がメモ帳だと思ってください。
　打ち込んだら，「上書き保存」をお忘れなく！

心得24
出張，提出物締切日等，必要なことはすべてパソコン上の予定表に打ち込む。
学校の動きがすぐにわかる予定表の完成をめざせ。

平成○○年度　週予定表　11月　第3週　11.8作成　○○小学校

日	曜日	給食	校内の予定	PTA・出張・提出締め切り等	授業時数 1年 2年 3年 4年 5年 6年 日番
12	月	○	教育課程検討委員会 15:45 教務・各指導部長・研究主任	6年PTA役員会 19:00視聴覚室 （作品展表彰　出席報告〆切） ○○地区委員会 19:00　校長	
13	火	○	全校朝会　授業研究部長研究会 3時間目　授業研究会 302 16:45 職員集会	教育実習校連絡協議会 15:00 ○○センター　教頭 教科書検査 13(火)・21(水)・27(火)	
14	水	○	登校指導 5時間目　授業研究全体会6の1 13:55 14:40授業、15:15事後研 講師：○○先生 ※児童は全員下校させてください。	技能技師校役員会 14:00　○○会館	
15	木	○		3年PTA遠足引率 学校保健大会役員会 11:00 情報教育講座⑥ 子ども造形展搬入・展示作業 15:30 （担当者） 養教	
16	金	○	朝の「読み聞かせ」 2年校外学習（弁当）、他学年給食あります 4年校外学習（総合）10:30～ ○○幼稚園 巡回指導　○○小　○○先生来校	市小学校教頭会議 14:00（～21日） 市こども造形展展（～21日） ○○賞受領報告書〆切　○○センター 事務　午後～　職専免（健診）○○	
17	土				
18	日			市子ども造形展表彰式 13:00	

第3章　教務主任の仕事&整理術～教務主任の身だしなみ～　59

第3章
教務主任の仕事&整理術
～教務主任の身だしなみ～

25　1年分の枠組みを

> CHECK　仕事は，先を見通すのが肝心。
> そのために，1年間を見通すとこができる週の週予定表を，年度はじめにつくる。

☑ パソコンの中も整理する

　手帳の中には，1年分の日付（メモをするための枠組み）があります。

　前項で述べたように，週の予定表をメモ帳代わりに使うのですから，こちらも年度当初に1年分の日付（枠組み）をつくっておきます。

　1年間は53週ほどあります。すると，53枚のエクセルシートが必要になります。このままでは煩雑になりますので，月ごとの複数シートにします（複数シートのつくり方は右ページ参照）。

　それをフォルダに入れて整理します。

25年度
週予定表

4月週予定表　5月週予定表　6月週予定表　7月週予定表　8月週予定表　9月週予定表
10月週予定表　11月週予定表　12月週予定表　1月週予定表　2月週予定表　3月週予定表

　ときおり，ずいぶん先の提出文書がくることがあります。補助教材の使用後のアンケートなどです。でも，その都度この週予定表に書き込んでおけば，「うっかり忘れ」はなくなります。

☑ 複数シートをつくる

　エクセルシートを開くと，左下に小さなインデックス（見出し）の部分があります。この部分を右クリックします。

　すると，いくつかの項目が出てくるので，その中の「名前の変更」をクリックします。

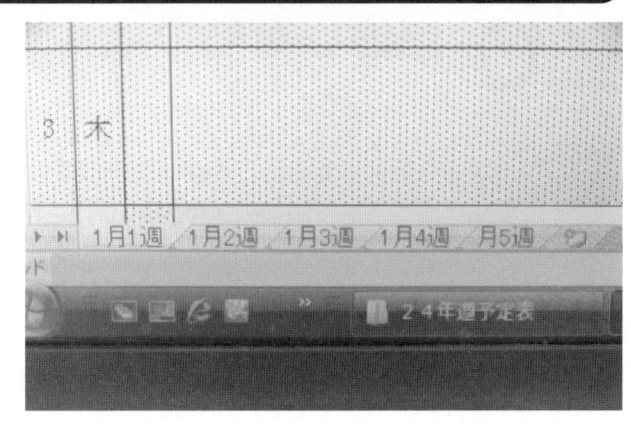

　最初は「sheet1」という名前になっていますので，これを「1月1週」といったように名前を変えます。

　次に，複数シートの作成をします。

　インデックスの部分を右クリック。

「移動またはコピー」をクリック。

「コピーを作成する」にチェックを入れて「OK」をクリック。

　これで，2枚目のシートが作成されます。表示は「1月1週（2）」と出ますので，「1月2週」と名前を変更します。

　この操作を繰り返して，それぞれの月の複数シートをつくります。

　年度のはじめに作成しておくと，その後の仕事が能率的に進みます。

心得 25

エクセルの簡単な操作を覚えておく。
まずは，複数シートの作成方法。
これだけでも，ずいぶん仕事の能率が違ってくる。

第3章
教務主任の仕事＆整理術
〜教務主任の身だしなみ〜

26 見通しをもつ

> CHECK 予定表を配付するのに，片面印刷だけではもったいない。
> 裏面には，その次の週の予定表を印刷しよう。
> 先を見通して仕事をする教務主任の心意気が表れる。

☑ 時間割の弾力化

　授業時数については，前回（平成10年）の学習指導要領の改訂では，「創意工夫を生かし時間割を弾力的に編成することに配慮するものとする」となっていました。
「総合的な学習の時間」が新設され，各教科等の年間標準授業時数も，必ずしも35の倍数にこだわることなく設定されました。そのため，1年間固定された時間割では不都合が生じ，週ごとまたは月ごとの時間割を配付するようになったのです。
　今回（平成20年）の改訂では，「週単位で固定した時間割で教育課程を編成し学習する方がより効果的・効率的である」という考えから，年間の標準授業時数は，35の倍数を基本にして設定されています。
　ただし実際には，音楽・図工・家庭科等，時数が35の倍数にはなっていないものもあります。
　そのため現在は，固定的な「基本時間割」があり，それを基にして週ごとの時間割を微調整していくという方法が，多くの学校でとられるようになりました。
　結局，時間割はこれまで通り，週ごと（月ごと）に作成して児童に配付しなければなりません。

☑ 週予定表をいつ配るか

　毎週時間割を考えて印刷して配付するのは，結構な労力がいります。
　けれども，利点もあります。
　それは，時間割に翌週の予定を書き込めることです。その際，教務主任からの週予定表が役に立ちます。
　週ごとの時間割は，多くの場合，週末の金曜日に児童に配られます。
　すると，担任がそれを作成するのは，前日の木曜日（または，前々日の水曜日）になります。
　ということは，週予定表は，水曜日の放課後15時くらいまでに職員に渡せるのがベストなのです。
　さらに，週予定表の裏面には，その次の週の予定表を印刷します。
　表が「今週の予定」，裏が「翌週の予定」，というようになります。
　心得24で示したように，週予定表には，校内の行事や出張関係の予定の他に，各種提出物の締切日を担当者名入りで明記してあります。提出書類の中には，作成に時間がかかるものや，公印が必要なものもあります。
　2週間分の予定表を配ることによって，提出物への取りかかりを早めることができるのです。
　また，教務主任とて，生身の人間です。体調不良や家庭の都合等で，学校を急に休まなければならないときもあるかもしれません。そんなときでも，2週間分の予定表を配っておけば，とりあえずは，学校の運営に支障をきたすことはありません。

心得 26

週予定表は，水曜日に配る。
「今週の予定」の裏面に，「翌週の予定」を印刷する。
見通しをもった取り組みが，仕事に余裕を生む。

第3章
教務主任の仕事&整理術
～教務主任の身だしなみ～

27 月予定表と週予定表をリンクさせる

CHECK 週の予定よりも先にあるのが，月の予定。
せっかく作成した月予定表のデータを生かして，週予定表を能率的に完成させよう。

☑ まずは月予定表を

週予定表は，月予定表を基にして作成します。

平成○○年度　2月行事予定表　　　　　　　　　　　　　　　○○小学校

日	曜日	給食	学 校 行 事	PTA関係・出張等	1年	2年	3年	4年	5年	6年	日番
1	金	○	安全点検 6年6時間授業	学区教頭会							
2	土										
3	日										
4	月	○	職員会議(教育課程　他)								
5	火	○	全校朝会(歌) 新入児童保護者説明会								
6	水	○	児童会活動(3時間目) 中学校職員学校訪問								
7	木	○	6年4時間限	中学校新入生保護者説明会 教育情報ネットワーク活用講習会							
8	金	○	児童委員会活動	市小校長会議(全日)							
9	土										
10	日										
11	月			建国記念の日							
12	火	○	学年集会								
13	水	○	フリー参観日	市小体連第2回理事会							
14	木	弁給	3年スキー教室2回目(猿倉)行16M 2年のみ給食あり(回数調整)　他学年弁当	小学校養護教諭研修会							
15	金	○		市小学校教頭会							

これは，職員会議の資料としても使う月予定表（エクセルシート）です。職員会議で確認した後，「決定版」を別刷で職員や関係機関に配ります。裏面に翌月分を「○月○日現在」と入れて印刷します。後日，多少の追加

64

分があるかもしれませんが，これも見通しをもって仕事を進める上で役立ちます。

☑ 次に週予定表へ

月予定表と週予定表は，縦軸（それぞれの列）を同じ内容にします。

今週			平成○○年度 週予定表	2月 第2週								○○小学校
日	曜日	給食	校内の予定	PTA・出張・提出締め切り　等	1年	2年	3年	4年	5年	6年	日番
4	月	○	職員会議(教育課程　他)								
5	火	○	全校朝会(歌) 新入児童保護者説明会								
6	水	○	児童会活動(3時間目) 中学校職員学校訪問								
7	木	○	6年4時間限	中学校新入生保護者説明会 教育情報ネットワーク活用講習会							
8	金	○	児童委員会活動	市小校長会議(全日)							
9	土										

月予定表が完成したら，月予定表の項目をコピーして，週予定表の枠に貼り付けます。その際，「形式を選んで貼り付け→値」で貼り付けると，週予定表の書式が乱れることなくそのまま使えます。

その後，細かい予定や提出物関係などを週予定表に加筆していきます。

心得 27

この1枚を見れば，すべてがわかる。
月予定表と週予定表をエクセルシートでリンクさせて，正確かつ詳細な予定表をつくる。

第3章
教務主任の仕事&整理術
~教務主任の身だしなみ~

28 会議の運営術

> **CHECK** できれば,会議の回数は減らして,短時間で終了させたい。
> でも,職員間の共通理解も必要。
> 会議をどう運営したらいいだろうか?

☑ 運営委員会と職員会議

「会議が多くて,子供と接する時間がとれない」
という声に応えて会議を減らすと,今度は,
「職員が共通理解する場がない」
と言われる。

　教務主任のつらいところです。
　でも,こうした声に対して腹を立てても仕方ありません。
　要するに,バランスの問題なのです。
　会議の回数は,多すぎても少なすぎてもいけません。
　そこで,再考してみたいのが,運営委員会と職員会議の組み合わせです。

①**運営委員会→職員会議**
　運営委員会で話し合った後で,職員会議へと進みます。
　これが,基本の流れになります。
②**運営委員会のみ**
　運営委員会で決まった事柄は,学年主任を通じて担任に連絡します。
③**職員会議のみ**
　運営委員会を通さずに,直接,職員会議で提案します。

ただし，提案内容（資料）は事前に教務主任が把握し，校長の内諾をとっておきます。

①～③のどの方法をとるかは，議題の内容によります。
しっかりと話し合う必要がある議題であれば①，連絡だけで済む内容であれば②，確認が主な内容であれば③の方法がよいでしょう。

☑ 短時間で集中する

大切な議題があるときには，長時間にわたる会議を1回開催するよりも，短時間の会議を2回開催したほうが効果的です。

小学校の新しい学習指導要領は，平成23年度から完全実施されており，「重要事項」として，言語活動の充実，理数教育の充実など6項目が掲げられています。

校内では，これらを受けて，授業をどう改善すべきか，通知表の項目をどうするか等の話し合いが必要になりました。

そこで，「新学習指導要領の趣旨理解」に関する会議（研修会）を，放課後，16：00～16：45の時間設定で数回実施しました。

開始・終了時刻を厳守した会議です。
短時間で集中した有意義な会議になりました。
会議で特に重視すべきは，終了時刻です。
終了時刻を意識すると，集中力が増し，必要な意見だけが交わされるようになります。

心得 28

議題の精選と時間設定。
この2つをバランスよく行い，だれもが「有意義だった」と思える会議にする。

29 教務主任の危機管理

> そもそも、危機管理とは何だろう。
> 危機管理は、管理職だけの仕事ではない。
> 教務主任がすべき危機管理とは？

☑ 危機管理とは？

　危機管理について、『学校における防犯教室等実践事例集』（文部科学省、平成18年3月）では、次のように述べられています。

> 人々の生命や心身等に危害をもたらす様々な危険が防止され、万が一、事件・事故が発生した場合には、被害を最小限にするために適切かつ迅速に対処すること

　つまり、危機管理には2つの側面があるのです。

①危険の未然防止＝リスク・マネージメント
②事件・事故が発生した後の活動＝クライシス・マネージメント

　学校の危機管理は、校長や教頭が責任者となり、それぞれの担当職員が中心となって、全職員で活動を進めていくことになります。
　危機管理は、その定義からもわかるように、安全教育と深くかかわりあっています。
　けれども、「危機管理＝安全教育なのか？」と問われれば、そうではあり

ません。
　様々な観点からの危機管理が必要です。

☑ 朝の会が延びていないか？

　教務主任に直接かかわりのある危機管理に，教育課程の実施があります。
　心得17で述べたように，教育課程の編成において，授業時数の確保が大変重要です。もし，授業の実施時数が標準時数に満たなかったという事態になれば，これは授業の未履修問題になります。
　特に小学校の場合に心すべきは，1時間目の開始時刻です。
　中学校ではありえないことですが，小学校では，「朝の会」が延びて1時間目の授業に食い込むことが少なくないのです。
　原因は，「朝の会」の中に歌やスピーチなど，様々な内容を組み込みすぎていることにあります。それぞれ意味のある活動なのでしょうが，これらすべてを10分間程度の「朝の会」で実施するのには無理があります。
　毎朝，「朝の会」が5分延びたら，1年間（約200日の授業日数）では，1000分間（5分×200）のロスになります。これを1時間の授業45分間で換算すると，約22時間分のロスになるのです。
　授業時数は，実際に授業を行った時間でなければ意味がありません。「朝の会」を重視していく方針なのであれば，それに合わせた日課表を組まなければなりません。
　実質的な授業時数をしっかり確保することが，教務主任の大切な危機管理なのです。

心得29
子供たちの危機防止以外にも，学校には様々な危機管理がある。教務主任が中心となって管理を進めていくべきは，教育課程の実施に関してである。

第3章
教務主任の仕事＆整理術
～教務主任の身だしなみ～

30 机の上には何も置かない

> **CHECK** 机とは，その上で書類の処理や原稿の執筆などが行われる家具のことである。
> 物を積み重ねるための台ではない。

☑ 帰るときには何も置かない

みなさんは，職員室の机の上に何を置いていますか。

私は，ペーパーウエイトの地球儀を1つだけ置いています。

机はスチール製でシルバーなので，それに合わせたシルバーの地球儀です。

この地球儀は，マグネットになっています。ですから，クリップなどの小物がくっつきます。

ちょっとしたメモなどは，クリップにはさんで，この地球儀につけておくこともできます。

帰るときには，机の上にはこの地球儀以外は何も置きません。

机の上をきれいさっぱりしておくと，その日に回ってきた書類がすぐにわかります。

逆にいうと，机の上に書類が残っているうちは，その日の仕事がまだ終了していないことを意味します。

机の上に何もなくなったら，その日の仕事も完了というわけです。

☑ 仕事の乱雑さにつながる

　職員室は,「職員がいる部屋」のはずなのに,全職員がそろうということは,決められた打ち合わせの時間を除いて,まずありません。
　学校の職員室は,職員がほとんどいない部屋なのです。
　全職員がそろうのは難しいので,重要な連絡は文書で行われることが多くなります。
　電話の伝言やFAX受信書,教育委員会からの文書などを,職員室の机上に置くことが多くなります。
　そのときに,その先生の机の上が様々な文書などで山積みになっていたら,どう思うでしょう？
「この大事な連絡が,確実に伝わるのだろうか…」
と不安になってしまいます。
　連絡が伝わらなくて一番困るのは,その机の先生です。
　けれども,例えば,報告期限のある公文書などの場合は,個人の問題では済まなくなります。
　机の上の乱雑さは,仕事の乱雑さと無縁ではありません。
　毎日,大量の文書が回ってくる教務主任だからこそ,机の上はいつも美しくしておきたいものです。
　職員室にやってくる子供たちはもちろん,学校に出入りしている業者さんも,教師の机の上を見ています。
　机の上の整理整頓は,仕事の信頼にかかわる問題なのです。

心得 30

机上の整理整頓を習慣付ける。
やがてそれが快感となり,美しい机で仕事もはかどる。
職員室の机は,教務主任の顔である。

第3章
教務主任の仕事&整理術
〜教務主任の身だしなみ〜

31 引き出しの中の整理術

CHECK 机の引き出しには,それぞれ大きさがある。
大きさが違うということは,引き出しの使い道が違うということでもある。

☑ 心もきれいになる

仕事を終えて学校を出るときには,この状態になります。

美しい机は,心も穏やかにしてくれます。子供たちには,
「きれいに片づけや整理整頓ができる人は,心もきれいな人だよ」
と教えます。
　だから,教師もそれを実行します。

☑ 引き出しの使い方

　机の上に何も置かないようにするためには，引き出しの使い方が重要です。

　一番のポイントは，お腹の前にある横長の薄い引き出しの使い方です。

　この引き出しは，真ん中で区切れば，Ａ４サイズの書類を並べて入れられるくらいの幅になっているはずです。

　このどちらか一方を空にしておきます。これで，それまで机の上に積み重ねておいた書類が引き出しの中に納まります。

　右側には，３つの引き出しがあるはずです。

　上から，小・中・大の引き出しになっている机がほとんどでしょう。

　一番上の小さい（薄い）引き出しには，印鑑や付箋，その他，小さめの文房具を入れます。

　二番目の引き出しには，やや大きめの文房具を入れます。ＣＤやＤＶＤ，ティッシュボックスなども，収納するのにちょうどいいサイズです。

　三番目の引き出しには，Ａ４のファイルを立てて入れます。

　入れるべきものを，入れるべき場所に入れましょう。

心得 31

整理整頓にも，コツがある。
引き出しの使い方をうまくできれば，机の上に何も置かずに帰れるようになる。

第3章
教務主任の仕事&整理術
〜教務主任の身だしなみ〜

32 アタッシュケースがおすすめ

> **CHECK** 毎日，持ち歩く鞄。
> 職員室での置き場所を考えると，これまでの鞄ではちょっと使いにくくなってくる。

☑ 教務主任には鞄を置くスペースがない

教務主任になってから，新調したものがあります。

鞄です。

学級担任時代は，鞄を教室に持って行って，教卓後ろの棚などに置いておきました。

けれども，教務主任にはそういうスペースはありません。

職員室の自分の机のまわりに鞄を置くことになります。

そこで，立てて置ける鞄＝アタッシュケースを購入しました。

気付かれた方もいるでしょうか？前ページの写真で，机の左側に立てて置いてあるのが，その鞄です。

幅が11cmほどで，立てても安定感があり，通路側に置いてもじゃまになりません。

これは，おすすめです。

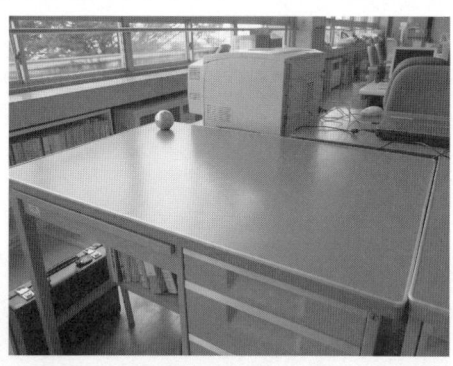

↑アタッシュケース

☑ シンプルが一番

さて，アタッシュケースの中身は，どうなっているでしょうか？

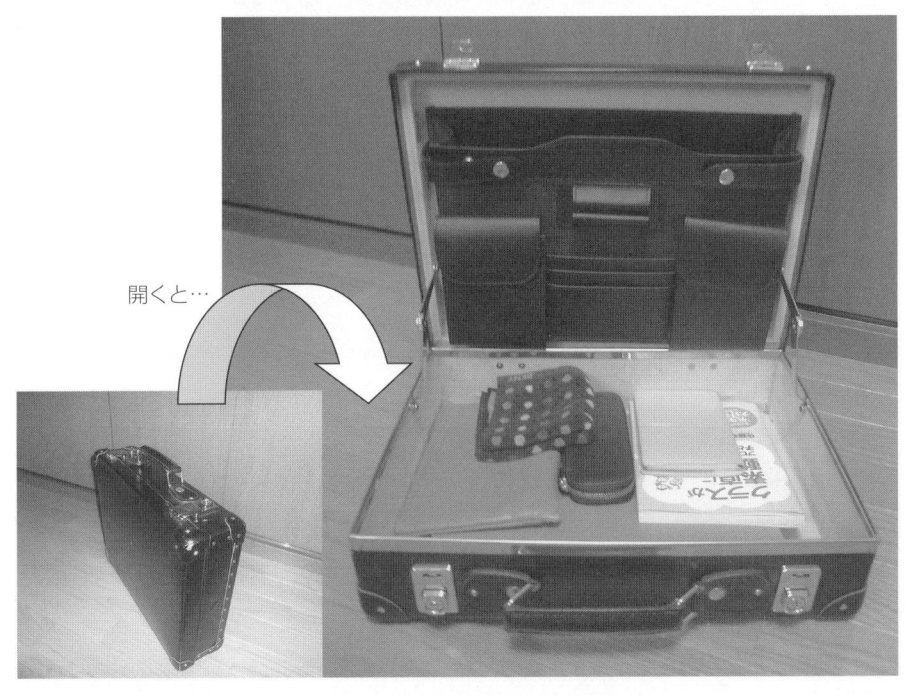

開くと…

仕事道具は，「シンプルに，使いやすく」が一番です。

最近は USB メモリの紛失などによるデータ流出事故が増えています。データだけでなく，個人情報にかかわる文書は持ち出しが禁じられているはずです。ですから，鞄の中身も必要最低限の道具だけにします。

心得 32

教務主任になったら，仕事道具にも気を配ってみよう。
自分へのごほうびとして，鞄を新調するもよし。
楽しく，前向きに仕事を進めるための道具を持とう。

第3章
教務主任の仕事&整理術
～教務主任の身だしなみ～

33 一流企業の電話対応を目指せ

> **CHECK**
> 出るのが早い。言葉がていねい。
> これが，一流企業の電話の応対である。
> 学校も見習いたい。

☑ 敬語の使い方

　教務主任になれば，電話に出る機会も増えます。
　電話対応では，相手の顔が見えません。
　ですから，なおさら，言葉づかいが大切になります。
　特に気を配るべきは，敬語の使い方です。
　校外の人（教育行政機関，他校，保護者，地域の方…）には，すべて敬語を使います。
　逆に，校内の人（身内）には，敬語は使いません。校長や教頭，先輩教師のことも，電話では呼び捨てにします。

☑ 覚えておくべき例

①相手が名乗らないとき
　⇒失礼ですが，どちら様でいらっしゃいますか？
　普通は，相手から自分の名前を名乗ります。名乗らないということは，何か不都合なことがある場合が多いのです。
　また，迷惑なセールスの電話で，名前だけ名乗って会社名を言わないこともあります。そんなときは，「どちらの佐藤様でしょうか？」と聞き直してから，電話を取り次ぐようにします。

②年休のとき
　⇒申し訳ございません。本日，佐藤は，休ませていただいております。
「せっかく電話をいただいたのに…」という思いを伝えるための敬語です。相手が同じ市町村区の教員であれば，簡単に「本日，佐藤は年休をとっております」でも失礼ではありません。

③相手に待ってもらうとき
　⇒呼んでまいりますので，少々お待ちいただけますか？
もし，急を要する要件であれば，職員を校内電話や放送で呼び出すこともあります。その際，必ず，相手の了解をとります。

④相手の名前を聞き逃したとき
　⇒申し訳ありませんが，念のため，もう一度お名前をお願いします。
最初にきちんと名乗ったのに，再度名前を聞かれると，相手はいい気持ちはしません。そこで，はじめに「申し訳ない」ということを伝え，「念のため」と付け加えます。名前の聞き逃しがないように，メモを取る習慣を付けましょう。

⑤緊急の連絡が入り，現場に向かうとき
　⇒わざわざ御連絡ありがとうございます。ただいますぐに伺います。
下校時に，「子供がけがをした…」というような連絡が地域の方から入りました。まず感謝の意を伝えて，すぐにかけつけましょう。

心得 33

電話対応1つで，学校のイメージは変わる。
基本的な対応の仕方を日ごろから意識しておく。
そして，積極的に受話器をとろう。

第❸章
ラストメッセージ

　職員室には，予定表黒板があります。
　おそらく，当日と翌日の予定を書く黒板と，月行事を書く黒板の2種類が設置されている学校が多いのではないでしょうか？
　当日と翌日の黒板は，必要です。
　職員は，教室に行く前に，黒板を見てその日の予定を確認しています。
　では，月行事の黒板はどうでしょうか？
　もちろん，あれば便利なこともあります。けれども，困ったこともあります。チョークの粉が飛ぶことです。
　それで，月行事黒板にチョークで予定を書くのをやめにしました。代わりに，配付してあるＡ４版の予定表を最大限に拡大コピーして，2枚貼り合わせて掲示してあります。
　これだと，2か月分の予定表の掲示が可能になります。

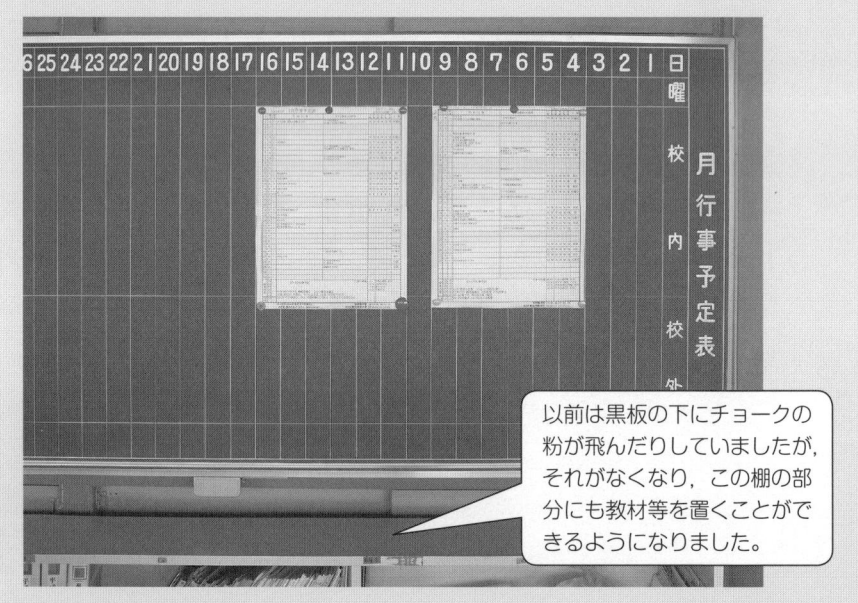

以前は黒板の下にチョークの粉が飛んだりしていましたが，それがなくなり，この棚の部分にも教材等を置くことができるようになりました。

第4章
仕事を楽しめ！
～これが教務主任のいいところ～

　教務主任の仕事は，決して楽ではありません。
　でも，やりがいのある仕事です。
　多忙感を上回るほどの充実感を味わうことができる仕事です。
　教務主任は，自分から希望してなれる役職ではありません。校長・教頭から信頼されて，教務主任を命じられたのです。
　その誇りを胸に，教務主任の仕事を楽しみましょう。

Chapter 4

第4章
仕事を楽しめ！
～これが教務主任のいいところ～

34 授業に出よう

> **CHECK**
> 教師の本分は，授業である。
> 教師たるもの，授業で勝負ができなくなったら終わりである。
> 教務主任にも，授業に出る機会はたくさんある。

☑ 全学級で授業を

　教務主任になると，自分の学級がないという少しの寂しさを感じる方も多いことでしょう。
　でも，これは，考えようです。
　これまでは，自分が担任する学級の子供たちを育てるのが自分の仕事でした。今年度からは，自分の学校の子供たち全員を育てるのが自分の仕事になったのです。
　私は，はじめて教務主任になった年に，自分にあるノルマを課しました。
　それは，

全学級で授業をする

というノルマです。
　担任にも，必ず教室を空けなければならない時間があります。
　出張や職務研修，健康診断などです。
　心得4の項の中で，「自分は何をしてほしかったか」について書きました。
　私が，出張等のときにしてほしかったことは，授業でした。担任の都合で教室を空けるのに，その時間が自習になってしまうのは子供たちに申し訳な

いと思っていたからです。

☑ 授業がつくるつながり

　授業に出たときに，私がよく行うのは，道徳と外国語（小学校高学年）の授業です。

　道徳と外国語は，私自身が好きな（得意な）教科領域です。また，他の教科と違って，前時とのつながりをさほど意識しなくても実施できる授業です。単発でできる授業というのも，やり方によっては効果的です。

　前時のうちに担任が不在になることがわかっている場合には，進度や内容の打ち合わせをしっかりして，国語や算数などの教科の授業を行うこともあります。

※道徳は，本来は，学級担任が前時とのつながりもしっかり意識しながら実施すべきです。ここでは，補欠授業に出る場合に限定して述べています。

　各クラスの授業に出ると，"いいこと"がいろいろあります。

　まず，子供の名前を覚えることができます。私の勤務校は，児童数が約400名です。400名の子の名前と顔を一致させるのは，至難の業です。でも，授業に出ると，一気に全員とまではいかなくても，かなりの子供の名前を覚えることができます。

　また，補欠授業に出たことによって，担任教師とコミュニケーションに幅が出ます。授業を通して，職員間のつながりが強まります。

　授業に出ることは，子供たちの学習機会を保障すると同時に，職場の人間関係づくりにも望ましい効果が出てくるのです。

心得 34

担任が不在のときに，自習の様子を見ているだけではもったいない。教務主任の方から，「授業をしますよ」と担任に声をかけよう。学校生活の中心は，やはり授業である。

第4章
仕事を楽しめ！
〜これが教務主任のいいところ〜

35 健康を維持するために

> **CHECK**
> 教務主任になると減るもの―。
> それは，運動量。
> 健康維持のために，これだけはやっておこう。

☑ 健康管理を

　学級担任から教務主任になると，体調を崩す…とまではいかなくても，少々健康のレベルが下がってしまう人が多いようです。

　そこには，ほとんど共通した理由があります。

　運動量の減少です。

　学級担任時代（小学校）には，週に3回程度，体育の授業がありました。

　教務主任になっても，教科担任やTT（ティーム・ティーチング）で体育の授業に出ることはできないわけではありませんが，それは稀な例でしょう。

　その結果，

「そう言えば，今週は何も運動しなかった」

などということが，普通に起こるようになります。

　また，職員室でパソコンに向かう仕事が増えますので，1日の中で座って仕事をする時間の割合が増えます。

　運動量が減っているのに，食事やアルコールの量は減りません。すると，当然の結果として，体重が増えてきます。

　そうならないためには，**心得11**に書いたように，食生活にもめりはりをつけましょう。

　これは，自分の健康管理ですから，自分で気を付けるしかありません。

また，肩や腕の痛みを感じるようになる人もいます。
　これは，パソコンのマウスやキーボードの操作で肩や腕を酷使することによって生じる痛みです。
　痛みがあるので，無意識のうちに，あまり肩を動かさなくなります。すると，肩のまわりの筋肉が固まってきて，腕がまっすぐ上がらなくなります。
　これが，肩関節周囲炎（通称：四十肩，五十肩）です。

☑ 足元から

　どうも元気のない話題になってしまいましたが，健康を維持するためには，勤務中の運動量を意識的に増やす必要があります。
　一番簡単にできる運動は，歩くことです。
　例えば，不要になった書類を捨てるときには，まとめて捨てずに，その都度ごみ箱のあるところまで歩いていきます。
　校内掲示用のポスターが届いたときには，すぐに掲示場所に行って，ポスターを貼り替えます。
　ほんの少し意識するだけで，1日の歩数がグーンとアップするはずです。
　さらに，足元（靴）にも気を配ってみましょう。
　基本は，ベルトと靴の色を合わせることです。
　黒ベルトなら黒い靴，茶色のベルトなら茶系の靴にします。
　私は，校内用（上履き）として，黒の靴と茶系の靴を下足箱に入れてあります。運動用のシューズは，更衣室のロッカーの中にあります。
　足元の身だしなみに気を配ると，校内を歩くのがちょっと楽しくなります。

心得 35

食事に気を配り，足元をキメて歩く。
何事も健康があってこそ。
元気はつらつの教務主任になろう。

35

第4章　仕事を楽しめ！〜これが教務主任のいいところ〜　83

第4章
仕事を楽しめ！
～これが教務主任のいいところ～

36 代理になることを意識する

> **CHECK** 校長も教頭も不在。
> そんなときに限って大切な電話や来客が！
> そこであわてないための心構えとは？

☑ 学校の代表者として

　職員室で仕事をしていると，校長と教頭がそろって出張や外部での会議で不在，というようなことがたまにあります。そんなときには，教務主任が学校の代表として，来校者や電話への応対をすることになります。

　心得13に書いた通り，教務主任は，「決裁」という意味での代理・代行を務めることはできません。けれども，管理職が不在のときには，教務主任が学校現場の責任者として，頼りになる存在であらねばなりません。

　そのためには，いつもTPOを意識しましょう。

```
T = time     （時）
P = place    （場所）
O = occasion （場合）
```

　それぞれにふさわしい態度，言葉づかい，服装が必要です。
　来校者があったときに，特に気を付けたいのは，ジャージ姿です。
　ジャージは，運動着または作業着です。
　仕事中は仕方ないとしても，テーブルについて来校者の話を聞くときには，上着を羽織ります（猛暑の時期は別です）。

せっかく来校してくれた人や電話をかけてくれた相手に，
「校長も教頭もいないのなら，仕方ないな…」
などと思われては，教務主任の名が泣きます。
「校長も教頭もいなかったけど，教務主任がしっかりと相手をしてくれた」
と思わせるような対応をします。

☑ 伝えるべきこと

校長・教頭の代理で対応するとき，相手に伝えるべきは，次の3つです。

①名を名乗る

⇒教務主任の佐藤と申します。

「おはようございます」等の挨拶の後，まずは，自己紹介をします。

②不在を伝える

⇒あいにく急な要件で（外部での会議，出張で），校長は出かけてしまいました（出かけております）。理由を簡潔に伝えます。

③代わりが可能かどうか尋ねる

⇒私でよろしければ，要件を承ります。

ここが，一番のポイント。相手の許可ももらわずに，代わりに話を聞くことはできません。または，「伝言でよろしければ，承ります」という言い方もできます。

このような対応を自然にできるのが，頼りになる教務主任です。

心得 36

学校の代表者を務める場合を想定しておく。
シミュレーションしておくと実際の場面で落ち着いて対応できる。
教務主任に対する信頼は，すなわち学校に対する信頼である。

第4章
仕事を楽しめ！
〜これが教務主任のいいところ〜

37 週予定表に「一言メッセージ」を

CHECK 毎週配付する週予定表。
スケジュールの確認だけでは，もったいない。
「一言メッセージ」を書き加えよう。

☑ 週予定表の有効活用

　教務主任が職員に配るプリント類の中で，一番読んで（見て）もらえるのは，週予定表です。

　前述したように，週予定表は，「今週」と「次週」の予定を両面刷にして，毎週水曜日に配付します。そして職員は，その予定表を見て翌週の時間割を作成します。配付後の使い方は，ファイルに綴じたり，ノートに貼ったり，職員によって様々です。

　こんなに活用してもらっている週予定表なので，スケジュールを伝えるだけではもったいないです。

　そこで，右のように枠外に，「一言メッセージ」を書きます。セルを結合させて，読みやすいレイアウトにします。

```
準保学用品等支給報告書〆切　（事務）
25年度音楽鑑賞教室日程調査FAX〆切（教務）
スキー教室奨励費報告書〆切　（担当者）
特別支援奨励費報告〆切　（担当者）
```

◇個人面談，よろしくお願いします。机配置のおススメは，L字型です。対面型よりもリラックスできるのだそうです。保護者から窓の外の景色が見える配置にします。◇今週，職員打ち合わせはありません。連絡等は，職員室黒板を御活用ください。

✅ メッセージの内容（例）

～保護者との信頼関係を～

　親を「味方につける」最大の方策は，子供を認め，ほめることです。できれば，親が知らない学校での子供のよさを具体的に伝えます。いわゆる「問題児」の親は，「今度はどんなことを学校から言われるのだろう」と，最初から構えています。担任が開口一番，我が子のよさを認めてくれれば，それだけで親は心の垣根を取り外してくれます。家庭訪問は，そのための絶好の機会です。

～つながりを築くために～

　体調を崩して遅れて登校した子には，「よく来たね」の一言をさりげなくかけます。「気持ちが悪いです」と言ってきた子には，黙って額に手を当てます。ほんの少しのかかわりを通して，教師と子供とのつながりが築かれていきます。

～新しい伝統を～

　６年生の下足箱。シューズのかかとがきれいにそろえて入れてあります。４月からずっと続いていて，すっかり習慣化されたようです。学期末，自分の下足箱を掃除するときに，ぜひ６年生の下足箱を見せてあげてください。全学級に広めて，本校の新しい伝統にしたいですね。規範意識は，身近な整理整頓から育っていきます。

心得 37

ちょっとした一言で，心がなごむことがある。
ちょっとした一言が，指導に役立つこともある。
短い言葉に，教務主任の思いをこめる。

第４章　仕事を楽しめ！～これが教務主任のいいところ～

第4章
仕事を楽しめ！
〜これが教務主任のいいところ〜

38 「教育反省」から「教育実践レビュー」へ

CHECK 学期末や学年末に行われる「教育反省」。
大切な取り組みではあるが，愚痴になりやすい。
建設的な「教育反省」にするための改善点は何か。

☑ 元気にならない教育反省

　やり方や回数に若干の違いはあるかもしれませんが，どの学校でも学期末や年度末には「教育反省」を行っていることでしょう。

　これは，教育評価における「自己評価」の１つと位置付けられます。
「反省職員会議」は，それまでの教育実践を振り返って，よりよいものに改善していくために実施されます。

　けれども，私は，この会議が好きではありませんでした。

　かつては，教務主任が無記名の反省記録を集めて，それをワープロで打ち直し，さらに順番をシャッフルしてだれの意見かわからないようにして資料を作成していたものでした。

　そんな無用な心遣いもあって，「教育反省」には，愚痴や不満が少なからず含まれていました。読んでいて，気分が滅入ってきます。元気にならないのです。

　元気の出る教育反省にするためには，まず，教育反省とは何なのかをとらえ直さなければなりません。

　日ごろ不満に思っていたことを書くのが教育反省ではありません。

　もし，日々の教育実践の中で疑問や不満があったのならば，その都度解決していかなければなりません。そのために，教務主任や学年主任の日頃の

「連絡・調整」が大切なのです。

☑ 名前から変えていこう

　学校の教育活動は，教育目標の具現化のために営まれています。
　そのために，具体的な方策が立てられているはずです。
　例えば，校内組織（校務分掌）の「学習指導部」における重点指導内容です。その内容に対して，自分たちの指導はどうであったかを具体的に数値化して評価していきます。
　愚痴や不満は，教師の主観です。主観は大切ですが，教育反省に書くことではありません。
　教育反省は，客観的な視点から，自分たちの教育実践を自己評価するのです。そのためには，数値化して評価することが大切です。
　数値化による評価は，4段階にします。

　　　　4…大変満足　　　　　3…やや満足
　　　　2…やや不満　　　　　1…不満

　ネット上の旅行サイトなどでよく行われている「レビュー」です。
　レビューとは，「論評・批評」を意味します。教育反省のイメージを変えるために，名称も「教育実践レビュー」と改めましょう。
　まず，名前から変えてみる。
　それが，元気の出る「教育反省」の第一歩です。

心得 38

教育反省に必要なのは，客観的な視点。
具体的な教育実践を，数値化で評価する。
次への具体的な目当てがわかれば，前向きに進んでいける。

第4章
仕事を楽しめ！
～これが教務主任のいいところ～

39 集計にはエクセルをフル活用

> **CHECK**
> 数値化の評価には，集計が必要。
> 事務処理の能率化のために，エクセルを活用しよう。
> シンプルな計算式で平均値を求める。

　前項の心得38で紹介した「教育実践レビュー」は，右のページのようなエクセルシートを職員数準備します。

　そして，一斉に入力の時間を設定します。入力は，個人でも学年で話し合いながらでも，どちらでもよいことにします。

　入力が終了したら，複数シートにまとめます。複数シートの中に同じ書式の「集計用シート」をつくり，そこで計算式を使って集計していきます。

　各クラスのシートには，1年1組であれば「11」という名前をつけます。6年2組は「62」となります。

　右のシートで，セル番号Ｉ9に入力された数値の平均を出すときには，次の計算式を入力します。

　　＝AVERAGE('11：62'！Ｉ9)
　　　1年1組から6年2組までのシートのＩ9のセルの値の平均値

心得 39

集計作業に時間をかけない。
計算式を入力すれば，あとは OK。
道具としての PC 活用法を覚えるべし。

1学期　教育実践レビュー

生活指導部関係

満足度　　満足　　やや満足　　やや不満　　不満
（必須）　 4　　　　3　　　　　2　　　　1

指導の最重点について

A　基本的生活態度の育成　　　　　　　　　　　　　満足度　[　]　必須

↑Ⅰ9のセル

（1）あいさつの指導
　　　自由記述→[　　　　　　　　　　　　　]
　　　（任意）

（2）時間や廊下歩行の約束を守る
　　　自由記述→[　　　　　　　　　　　　　]
　　　（任意）

B　児童の主体的活動を推進する指導　　　　　　　　満足度　[　]　必須

（1）異学年交流の充実
　　　自由記述→[　　　　　　　　　　　　　]
　　　（任意）

（2）児童が主体となって計画・実施する活動の実現。
　　　自由記述→[　　　　　　　　　　　　　]
　　　（任意）

C　一人一人の長所を認める児童理解　　　　　　　　満足度　[　]　必須

　　　自由記述→[　　　　　　　　　　　　　]
　　　（任意）

☆　生活指導部関係全般について
　　　自由記述→[　　　　　　　　　　　　　]
　　　（任意）

第4章
仕事を楽しめ！
～これが教務主任のいいところ～

40 "読ませる" 文書をつくる

> **CHECK** 保護者から読んでもらえる文書とは，どのようなものだろうか？
> 文字がびっしり書かれた定型文章は敬遠されがちである。
> 学校から配付する文書にも，多様なスタイルがほしい。

　全家庭に配付するプリントがあります。
　学習参観日や全校行事等のお知らせです。
　だれが作成するのか，はっきりした取り決めはないかと思いますが，教頭と教務主任が分担して作成している場合が多いようです。
　学校から配付されるプリントは，たいてい時候のあいさつで始まり，
「日頃から，本校の教育活動に御理解と御協力をいただき，ありがとうございます」
という型通りの文が続きます。
　礼儀は大切ですが，お知らせのプリントですから，本来は知らせたい内容をシンプルにわかりやすく記載するべきなのです。
　そこで，たまには広告チラシのイメージでプリントを作成してみましょう。保護者からも，「見やすい，わかりやすい」と好評です。

心得 40
伝えるべきことを限定して，それをビジュアルにまとめる。
文書作成にもプレゼン力が必要。
企業の広告チラシに学び，"読ませる" 文書をつくる。

平成 年 月 日

保護者の皆様へ

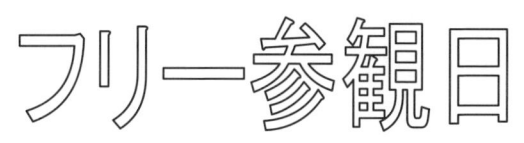

地域から愛される学校をめざして

〇月〇日（土）　〇〇小学校

フリー参観日

9：30～12：15

9：30～10：15	2時間目
10：15～10：35	中間休み時間
10：40～11：25	3時間目
11：30～12：15	4時間目

～　午後　PTA球技大会　～

さわやかな汗を流して，
親睦を深めて
ください！

学校には，十分な駐車場がありません。自家用車での来校は，御遠慮ください。また，周辺道路には，駐車しないでください。御理解と御協力をお願いします。

前年度優勝
☆　ソフトボール　〇〇学年
☆　バレーボール　〇〇学年

第4章
仕事を楽しめ！
〜これが教務主任のいいところ〜

41　現職教育のススメ

> **CHECK**
> 「指導・助言」は，教務主任の大切な仕事。
> これからは，若手の教師が増える時代になる。
> 教務主任が現職教育で果たす役割は大きい。

☑ 若手の教師に指導すべきこと

　現職教育とは，教師としての力量を高めるために行われる教員の研修です。
　現職教育は，教務主任が中心になって進めていきます。
　これから数年は，ベテラン教師が大量に定年を迎え，若手教師が増えてくると言われています。
　すると，現職教育を進める上で，教務主任の役割がますます重要になってきます。
　若手の教師に，指導すべきは，授業のスキル（手腕・技量）です。
　教師の仕事の中心は，授業をすることです。
　ですから若手教師は，まず，確かな授業ができる技量を身に付けなければなりません。
　職人さんの世界では，「師匠の技を盗む」と言われることがあります。
　そうして修行を積んで，やがて一人前の職人になっていくのでしょう。
　けれども，教師はそう悠長なことは言っていられません。
　子供たちの"今"は，"今"しかないのです。
　最も有効な手段で教師としての力量を高め，それを子供への指導という形で還元していかなければなりません。
　それが，学校のマネジメントです。

確かな授業を行うために，まず，若手の教師には「明確な指示」について指導してください。
　授業が成り立たなくなる一番の原因は，指示の不明瞭さにあります。
　今，何をするのか？　それを終えたら，次に何をするのか？
　その指示を明確にするだけで，子供たちの動きはまったく違ったものになります。

☑ 校風に学べ

　学校には，長年培われてきた校風があります。
　新規採用や転任によって新しい学校に赴任したら，校風が築き上げられてきた意義を知り，愛する心をもたなければなりません。
　環境が変わると，最初は何かと気になることがあるものです。もしかすると，「前の学校では，こうじゃなかったのに…」と，不満に感じることもあるかもしれません。
　でもここで，「前の学校では…」と話すと，まわりの同僚はあまりよい印象を受けないでしょう。
　もちろん，新しい取り組みは必要です。けれども，これまで行われてきた教育実践を否定するのではなく，「新しい校風を積み重ねる」という意識をもってもらうようにします。
　授業のスキルと校風。
　現職教育を進める中で，教務主任はこの2つをしっかりと職員に伝えていきましょう。

心得 41

授業づくりのコツは，第一に，明確な指示。
若手の教師に，授業のスキルを具体的な方法で伝えていく。
共に学び合える同僚性を築いていく。

第4章
仕事を楽しめ！
～これが教務主任のいいところ～

42 1日の仕事の優先順位を

> **CHECK** 仕事のできる人には，共通点がある。
> それは，仕事の優先順位を決めて，
> あせらずていねいに行うことである。

☑ まずは授業の準備を

　学級担任時代には，1時間目から順に授業を行うのが，毎日のスタイルでした。まずは授業があり，それ以外の校務分掌等の仕事は，放課後に行っていました。
　教務主任になると，その日にやるべきこと（やらなければならないこと）を把握して，その順番を決めなければなりません。
　つまり，仕事の優先順位を決めるのです。
　この順番を間違えると，自分自身があせってしまったり，他の人の仕事に迷惑をかけてしまったりすることになります。
　教務主任の仕事は，多岐にわたります。それらを実際の仕事の中身から考えると，次の3つに分けられます。

①担当または補欠で出る授業
②校内の文書
③教育委員会等への提出書類

　①・②・③と順に書きました。
　これは，やるべき仕事の優先順位となります。

☑ 提出書類は一番後に

　第一に，子供たちに直接かかわる授業が優先です。
　自分が担当している教科であれば，当然のこととして前日までに授業の準備をしておきます。当日の朝，職員が体調不良等で急に休みをとったときには，可能な限り補欠授業をするようにします。
　第二に，校内の予定や行事の進め方等に関する校内文書の作成・配付です。それがないと，学校全体の動きに影響が出るときがあります。つまり，子供たちの学習にも影響が出てしまうのです。
　最後，三番目に行うのが，外部への提出文書作成です。これは，「あれっ？」と疑問に思われるかもしれません。**心得9**では，「締め切り日に遅れたり，内容が不備だったりすると，校長の恥になります」と書きました。
　だからこそ，提出書類は，締め切り日に追われることなく，余裕をもって作成しておかなければならないのです。
　その日の優先順位─。それは，

　授業　→　校内文書　→　（締め切りが数日後の）提出文書

となります。
　私は，朝目覚めたときに，その日の仕事のシミュレーションをします。学校に到着した後の自分の姿を，自分の頭の中で思い描くのです。
　すると，仕事へのモチベーションも高まってきます。

心得 42

仕事がたくさんあるときこそ，優先順位を決める。
やるべきことがわかると，自分の仕事に見通しがもてる。
そして，やり終えたときの充実感が残る。

第4章　仕事を楽しめ！〜これが教務主任のいいところ〜

第4章
仕事を楽しめ！
〜これが教務主任のいいところ〜

43 全校朝会に落ち着きを

> **CHECK** 教師の語りで授業の雰囲気が変わる。
> それは，全校朝会でも同じである。
> 教務主任の語りで落ち着いた雰囲気をつくる。

☑ 最初に集合した学年をほめる

　始業式や終業式，全校朝会等で，教務主任が進行を務めます。
　私は，全校朝会等のときには，10分〜15分ほど早めに体育館に行きます。
　そして，放送機器の電源を入れて，音響の確認等をします。
　しばらくすると，一番早いクラス・学年が体育館に並んでやってきます。
　これは，ほぼ毎回同じクラス・学年が最初にやってきます。集合が早い・遅いは，担任の指導によるのです。
　集合の早いクラス・学年は，整列の仕方も上手です。
　整列を終えて待っている子たちに，
「集まり方も，整列の仕方も，とても立派だね」
と話します。
　最初に来たクラスが静かに待っていると，次に来たクラスも静かに待つことができます。
　落ち着いた雰囲気というものは，言葉がなくても，子供たちの間で伝わっていくのです。
　二番目に整列を終えた子供たちには，
「今集まった○年生も，とっても立派だね」
と話します。

☑ 最後に全体をほめる

全校生の整列が終えたら，次のように話します。

　　今日，一番早く体育館に集合したのは，2年生でした。
　　2年生がきちんと整列して静かに待っていると，次にやってきた3年生も，静かに整列しました。その他の学年のみなさんも，集合の仕方，整列の仕方がとても立派でした。
　　みなさんの集まり方が上手だったので，今日も時間通りに全校朝会を始めることができます。

　子供をほめて動かす。
　これは，授業でも，全校朝会でも同じです。
「静かにしなさい」
「きちんと並びなさい」
　このような言葉を発しなくても，子供のよさを認めることで，全校生が落ち着いた雰囲気の中で行動できるようになります。
　教室に戻るとき，例えば1学期の終業式であれば，
「今日は，1学期で一番上手な歩き方で教室に戻りましょう」
と話します。
　そして，教室に到着したら，担任から廊下の歩き方について，ほめてもらうようにします。

心得 43

子供をほめる教師の言葉には，温かみがある。
温かい言葉が子供の気持ちを穏やかにさせる。
落ち着いた，穏やかな雰囲気が体育館中に広まる。

第4章　仕事を楽しめ！〜これが教務主任のいいところ〜

第4章
仕事を楽しめ！
～これが教務主任のいいところ～

44 頼りにされている証拠と思え

> **CHECK**
> わからないときは，教務主任に聞く。
> 困ったときは，教務主任に頼む。
> これぞ，教務主任冥利！

☑ たくさん聞かれる教務主任であれ

　かつて勤務した学校に，とっても頼りになる教務主任（M先生）がいました。学校にようやくパソコンが導入され，OSが「Windows98」の時代だったと記憶しています。

　M先生はパソコンに詳しかったので，操作でわからないことがあると，すぐに，

「すみませ～ん，M先生，教えてください」

と声がかかりました。

　もちろん，教育計画等の教務に関する仕事もきちんとこなす方でしたので，職員室のところどころで，

「すみませ～ん，M先生！」

と，M先生を頼る声が聞こえました。

　さらに，物の置き場所にも詳しく，何か見つからない物があると，すぐにM先生に聞くというのがいつもの光景になっていました。

　そんな頼りになるM先生ですので，職員の間では，

「困ったときのMだのみ」

なんていう言葉もあったほどでした。

　M先生のすごいところは，どんなに忙しくても，聞かれたことに対して嫌

な顔ひとつせずに教えてくれることでした。

☑ ゆえに我あり

　教務主任の仕事をしていると，確かにいろいろ聞かれます。

　自分の担当ではない内容についても，聞かれたり頼まれたりすることがあります。

　そんなとき，ふとM先生のことを思い出します。

　聞かれる，頼まれるというのは，自分が他の人から頼りにされている証拠です。少しうぬぼれた言い方をさせてもらえば，それだけ信頼されているということです。

　人から信頼され，人のためになる仕事ができる。

　それが，自分自身の存在意義です。

　ゆえに我あり…です。

　例えば，印刷機のインクがちょうど切れてしまったとき，「この忙しいときに，ついてないな」などと思わないでください。「自分が交換しておけば，次に使う先生が助かる」と思えば，インク交換の作業1つにも，それまで気付かなかった価値がみえてきます。

　教務主任は，自分から希望してなれる役職ではありません。

　校長・教頭から自分の仕事ぶりを認められ，信頼されて，教務主任を命じられたのです。

　その信頼に応えるべく，真摯な態度で教務主任の仕事を遂行していきましょう。

心得
44

人を頼るよりも，人から頼られたほうがいい。
信頼という文字は，「信じて頼る」と書く。
同僚から信頼される教務主任であれ。

44

第4章
ラストメッセージ

やるべき仕事が，たくさんある。
当然，暇ではない（あえて，「忙しい」という言葉は使いません）。
でも，やりがいがある。
学校全体を動かしているという仕事の充実感がある。

この風景は

これは，どこかで見た風景…。
そう，6年生を担任していたときの風景です。
　6年担任には，児童会関係の仕事はもちろん，生徒指導や各行事の企画など，学校全体にかかわる様々な重要な仕事がありました。
疲労感を超える充実感―。
この感覚は，教務主任の仕事に通じるものです。

どうせやるなら

どうせやるなら，楽しくやりたいものです。
どうせやるなら，一生懸命にやってみたいものです。
教務主任の仕事に誇りをもち，
自分の仕事によって学校が円滑に動いていることに喜びを感じ，
日々の仕事の中に，
確かに自分がそこにいたという価値を見つけていきましょう。
せっかく命じられた教務主任の職務。
どうせやるなら，
「教務主任は楽しい！」
と言えるような仕事をしましょう。

第5章
教育課程をつくる
～学校の未来が見えてくる～

いよいよ最後の大仕事―。
次年度の教育課程づくりの始まりです。
　今，自分が作成しているこのプランが，学校全体の動きへとつながっていくのです。
　その責任の重さをかみしめながら，任されているという自分の立ち位置に感謝の心をもちながら，学校の未来を描いていきましょう。

Chapter 5

第5章
教育課程をつくる
〜学校の未来が見えてくる〜

45 法規を再確認せよ

> **CHECK** 教務主任の最大の仕事。
> それは，教育課程の編成である。
> よりどころとなるのは，やはり法規である。

☑ だれが編成するのか

　教育課程の法的な位置付けについては，心得17に書きました。
　教育課程に関する事項は，文部科学大臣が定めます。そして，教育課程の基準として，学習指導要領があります。
　ですから教務主任は，学習指導要領の趣旨・内容に精通しておかなければなりません。
　では，教育課程はだれが編成するのでしょうか？
　実務は，教務主任が中心となります。
　でも，編成責任者は，もちろん校長です。
　例えば，山形市小・中学校管理規則には，次のようにあります。

　　第2条　学校の教育課程は，校長がこれを編成する。

　どこの市町村区の管理規則にも，同様の記述があります。
「管理規則」は，学校にも冊子等があるはずです。でも，それを探したり借りたりするよりも，インターネットが便利です。検索エンジンを使えば，「〇〇市立小中学校管理規則」とキーワードで見つかるはずです。
　ページが見つかったら，目次の「教育課程」をクリックします。そこに，

教育課程に関するいくつかの条文があるので，内容を確認しておきましょう。

☑ 職員にも知ってもらう

　私もそうでしたが，学級担任をしているときは，法というものをほとんど意識しません。そのため，いろいろと勘違いしていることがあるのです。
　例えば，

- 教育課程は，職員全員の総意のもと編成される。
- 教育課程には「教育反省」に出された職員の意見を全面的に反映させる。
- 校長の判断だけで教育課程の内容を決定するのは，よくない。

という勘違いです。
　それぞれ一理あります。けれども，これらは勘違いです。
　全員の総意を待っていたら，教育課程の編成は進みません。「なぜそうすべきなのか」をきちんと説明して，その趣旨を理解してもらわなければなりません。
　職員の意見は，できれば反映させたいものです。けれども，その意見が必ずしも，教育活動にプラスになるものばかりだとは限りません。
　そして，ときには校長の強いリーダーシップも必要です。理想の実現には，多少の困難がつきものです。
　大切なのは，バランス感覚です。校長の意向を理解しながら，全職員が同じ目的に向かって進んでいけるようにしなければなりません。

心得 45

> そもそも教育課程とは何なのか。
> その基本的な部分をまず確認する。
> 教育目標の具現化に向かって，職員が一丸となって進む意識をもつ。

第5章　教育課程をつくる〜学校の未来が見えてくる〜

第5章
教育課程をつくる
〜学校の未来が見えてくる〜

46 11月から動き出せ

> **CHECK** 教育課程の編成作業は，いつから始めればよいのか？
> 完成・印刷・配付などの時期を見据えて，計画的に動き出す必要がある。

☑ 教育委員会の動きに合わせて

　仕事は，早く取りかかるに越したことはありません。

　けれども，あまり早すぎて，その後で修正を余儀なくされるのでは，二度手間になってしまいます。

　仕事は，早めに。でも，適度に。

　これが大事です。

　教育課程とは，**心得17**で述べた通り，「授業時数との関連において総合的に組織した学校の教育計画」のことです。

　授業時数との関連が何より大切です。

　しかし，授業時数は，年間の主要行事がわからなければ，決めようがありません。

　また，校内の行事よりも優先される教育委員会主催の会議等もあります。例えば，校内で職員会議を予定していた日が，市内小中学校の校長会の会議とぶつかってしまえば，職員会議の日取りを変更しなければなりません。

　市町村区の教育委員会では，11月になると次年度の年間行事の検討会が開かれるはずです。その内容が決まって各校に連絡が入るのが，11月下旬になると思われます。

　まずは，教育委員会からの年間主要行事の連絡を待ちましょう。

☑ 完成までの流れ

　教育委員会からの連絡があったら，すぐに年間行事予定の作成に取りかかります。

　しかし，ここで０からのスタートでは遅いのです。

　すぐに取りかかれるように，事前の準備を進めておきます。

　それは，年間行事を書き込む枠組みや月の行事予定表のエクセルシートの作成などです。

　要するに，外枠を準備しておいて，中身を一気に入れていくのです。

　概ね以下のような流れで，３月の完成に向かって進んでいきます。

11月下旬	教育委員会から年間主要行事予定が届く 年間行事予定の作成開始
	↓
12月	教育課程編成の基本方針の決定
	↓
１月	年間行事予定の決定
	↓
２月	月別・学年別の授業時数の決定
	↓
３月	完成（印刷・配付）

心得 46

何から始めるべきか。
いつから始めるべきか。
教育課程完成への見通しをもち，計画的に仕事を進める。

第5章
教育課程をつくる
~学校の未来が見えてくる~

47 基本方針が基本！

> **CHECK**
> 悩んだら，原点に戻る。
> 教育課程編成の原点は，校長が示す教育方針（教育プラン）と，それを基にした「教育課程編成の方針」である。

　新しい何かを成し遂げようとするとき，よりどころとなるものが必要です。悩んだら戻るべきところ，そこが原点です。

　教育課程の編成には，日程の調整や授業時数の確保等，細かな作業がたくさんあります。ややもすると，その作業が教育課程編成の中心だと思われがちです。

　けれども，すべての作業のよりどころとなるべき原点があります。校長から示される教育方針（教育プラン）です。それを基にして，「教育課程編成の方針」が立てられます。この順序を間違えないことが大事です。

　教育課程の検討を進める中で，意見の対立があるかもしれません。そのときには，原点に戻ります。

　どんな学校にしたいのか。どんな子供たちに育てたいのか。その共通した目標を確認しながら，教育課程の編成を進めていきます。

心得47
なぜそうすべきなのか。
意見が分かれたら，基本方針を再確認する。
目指すべき場所は同じである。

「教育課程編成の方針」の実物

平成24年度　教育課程編成の方針
　　　　　　　　　　　　　　　　　○○小学校

1　学校教育目標具体化に必要なすべての教育活動を、企画・運営する。
　(1)　各教科・総合的な学習・道徳及び特別活動等について、個性と創造性の伸長を図り、創意と工夫をもって統一と調和のある教育課程を編成する。
　(2)　全職員参画のもと、教育活動全般の企画・運営の工夫を図る。
　　① 会議の議題を精選し、建設的・発展的な話し合いの場づくりを進める。
　　② 全教職員が、「PDCA」の意識を持って、協力して教育活動を進める。
　　③ 運営委員会・職員会議を定期的に開催し、共通理解と課題解決を図る。
　　④ 連絡伝達事項は、木曜日（16：45～）の職員終会で伝える。
2　学習指導要領改訂の基本的な考え方を踏まえ、新しい学習指導要領の教育内容・改善事項の理解を図り、確実な学習指導と一層の指導法改善に努める。

　改訂の趣旨
　　○「生きる力」を育むための具体的手だての中核　5項目
　　　① 基礎的・基本的な知識・技能の習得
　　　② 思考力・判断力・表現力等の育成
　　　③ 確かな学力を確立するために必要な時間の確保
　　　④ 学習意欲の向上・学習習慣の確立
　　　⑤ 豊かな心や健やかな体の育成のための指導の充実

　指導法充実に向けた視点
　　○ 言語活動の充実（生きる力を育む基盤と…
　　　　　　　　　　　　読む
　　　　　　　　　　書く　　聞く
　　　　　　　　　　　　話す
　　○ 児童の興味関心に即した指導過程の工夫…
　　○ 体験活動の充実　地域を学習材とした…
3　豊かな心と知恵を持ち、たくましく生きる子どもの育…

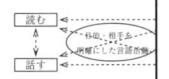

(1)　わかる授業・楽しい学校の実現
　　○モジュール制
　　　・15分1モジュールを活用した計画的…
　　　・学年の発達段階、状況に応じた弾力的…
　　　業づくりを積極的に進める。
　　○日課表の工夫
　　　・月・水・金を5時間とし、（2年以上…
　　　（基本的に、月を校内会議、水は校内研…

- 1 -

・木曜のクラブ以外の日と火曜は、4年以上6校時、3年も火曜日6校時授業とする。
・クラブ活動は、1回5M・75分とし、年9回計15時間設ける。
・ノーチャイム。中間休み終了5分前、清掃開始5分前に、委員会で放送。
・朝学習タイム（8：30～45）朝の会（8：45～55）

(2)　自ら課題を持ち、工夫して解決する力の育成
　　○ 校内研究（授業研究）を核にした指導法の改善を進める。
　　　研究全体会、校内研修会・授業研究会（大研・小研）・月一度、校内研の日を設定
　　○ 自然体験や社会体験などの体験的学習（ねらいを明確にし、内容を精選）の充実
　　　・4年は「市少年自然の家」で1日野外体験学習を実施。
　　　・5年は2泊3日で「市少年自然の家」宿泊体験学習を実施。
　　　・6年は1泊2日で東京方面の修学旅行を実施。
　　　・日常の学習活動にも、体験・実習・見学・観察等を計画的に取り入れ、経験を通して学びを深める工夫を積極的に進める。
　　○「総合的な学習の時間」の中に、地域をフィールドにした活動を計画・実践する。
　　　活動内容は、「生活・総合活動室」の各学年コーナーに整理する。
　　○「宮浦大黒舞」など、地域の伝統・文化の継承と地域との交流を図る。

(3)　豊かな感性をはぐくむ教育活動
　　○ 明るい歌声が響く学校
　　　・朝の会で「今月の歌」などを歌う。（音楽朝会で全校練習）
　　　・「かきつばた組曲」（創立20周年記念で創作）を歌い継いでいく。
　　　・5年生、市民合同音楽祭参加
　　○ 元気なあいさつが交わされる学校
　　　・お互いにあいさつを交わす態度の習慣化。
　　　・心が通う「あいさつ」の実践。（笑顔・会釈など）

(4)　児童を全職員で育てていく指導
　　○ 職員終会・職員会議等で、早めの報告・連絡を心がけるとともに、必要に応じて教育相談を適宜実施し、子どもについての共通理解を深め、協力して指導にあたる。
　　○ 安全や健康指導・体育活動等の指導、対外的な行事等にあたっては、全職員で役割を分担し、協力して進める。

(5)　特別支援学級の運営と全校支援
　　○ 普通学級と日常的に交流活動を行う協力・支援の体制の充実。
　　○ 児童間の相互理解と交流の場作り、地域、保護者への啓発。
　　○ 日常生活・指導に必要な環境整備。

(6)　児童会の活動・たてわり活動
　　○ 4年以上の児童で委員会を組織、運営し、自主的・実践的態度を育てていく。
　　○ 全校児童活動の柱（受け継がれている取り組み）として「あいさつ運動」を進める。
　　○ 計画委員・代表委員を中心に年間の方針を決め、総会で決定し、実践する。
　　○ かかわりを大切にした縦割り活動を計画し、楽しく豊かな生活を送れるようにする。
　　　・たてわり集会活動　・水曜ロング昼休みを活用した集団遊び
　　　・たてわり清掃（日常活動）　・大空クリーン作戦（地区の清掃活動）
　　○ 委員会活動・代表委員会は、月1回計画、実施。

- 2 -

第5章　教育課程をつくる～学校の未来が見えてくる～　109

第5章
教育課程をつくる
〜学校の未来が見えてくる〜

48 校内委員会を機能させる

> **CHECK** 新しい提案は，最初はなかなか理解されないことが多い。提案の趣旨を伝え，賛同を得て，教育課程を改善していく。そのための手順は，どうあればよいのだろうか？

☑「根回し」はいらない

　教務主任には，「根回し力」が必要だ，と言われることがあります。「根回し」とは，交渉や会議などで，事をうまく運ぶために，あらかじめ手を打っておくことを意味します。

　確かに，何かの企画を進めるときには，関係する職員への「根回し」を行っておけば，会議も円滑に進むことでしょう。

　けれども，私はこの「根回し」という考え方が，どうも好きにはなれません。

　なんだか，いやらしい感じがしてしまうのです。

　私はシンプルに，

　正義は勝つ！

という言葉が好きです。

　学校教育目標の具現化を目指し，子供たちの幸せを願ってやっていることならば，必ず相手にも理解してもらえるはずです。

　ですから，変な裏工作はしないで，自分の考えや思いをそのまま伝えればよいのです。

✓ 参画意識を高める

　私は，
「根回しは，いらない。直接，全体の職員会議で考えを主張せよ…」
と言っているのではありません。
　事前に何の情報もなく，突然職員会議で新しい提案をするのは乱暴なことです。
　提案の趣旨を理解してもらい，職員の学校運営参画意識を高めるためにあるのが，校内委員会です。教育課程編成に関しては，教育課程検討委員会がそれに当たります。
　私の勤務校の場合，教育課程検討委員会のメンバーは，校長・教頭・教務主任の他に，各指導部（学習指導部等）の指導部長と研究主任で，計7名で構成されています。
　来年度に向けた新たな提案は，まず，この委員会で検討します。
　少人数での検討ですので，意思疎通を図りやすい協議になります。
　全体での提案は，この委員会での賛同を得てから行います。
　委員は，校内委員会で決まったことについて，他の職員を説得するという意識で全体の職員会議に臨みます。
　陰でこっそりと「根回し」をするのではなく，校内の委員会ではっきりとその趣旨を伝えます。
　最初の提案は，一人から始まります。
　そして，その提案への賛同者を広げるシステムをつくっていくのです。

心得 48

一部の教員への「根回し」は，いやらしさが伴い逆効果。組織として位置付けられている校内委員会を活性化させ，提案の"正義"を堂々と伝えよう。

第5章　教育課程をつくる〜学校の未来が見えてくる〜

第5章
教育課程をつくる
〜学校の未来が見えてくる〜

49 教育実践レビューと保護者の声から

> **CHECK**
> 学校評価を行うのには，理由がある。
> やればそれでいいのではない。
> 結果をどう生かすかが重要である。

☑ 学校評価は何のために

　12月〜1月ごろ，各学校では，保護者向けの「学校評価アンケート」が配られ，その集計結果を公表しています。

　これは，以下の法改正によって規定されたことなのです。

　2007年6月　学校教育法改正
　　　　　　　学校の評価（第42条）
　　　　　　　情報提供（第43条）
　同年10月　　学校教育法施行規則改正
　　　　　　　自己評価（第66条）
　　　　　　　学校関係者評価（第67条）
　　　　　　　評価結果の報告（第68条）

　学校評価の目的は，学校運営の改善と発展にあります。
　法律で決まっているから，アンケートをとり，集計をして，公表する。
　これで終わってしまっては，学校評価の意味がありません。
　評価結果を分析し，どのように来年度の教育課程編成に生かしていくのかが大切です。

☑ 来年度への展望

　ここで，教育実践レビュー（職員の教育反省）と保護者からの学校評価の結果とを比較してみます。
　教師の思いと保護者の思いとがピッタリ合っている項目がいくつかあるはずです。
　それが，プラスの評価であるのなら，その内容については次年度も自信をもって推進していきましょう。
　例えば，体験活動です。
「体験活動の充実」は，新学習指導要領の「充実すべき重要項目」の１つに位置付けられています。
　これに対して，保護者から，
「地域に出かける学習がたびたび行われ，子供も楽しみにしています」
という声が多かったとします。
　職員からも，体験学習を評価するレビューが出されています。
　すると，来年度の教育課程の中に，弁当を持参して学年ごとに設定できる校外学習の日を設定してみてはどうか…といった案が出されます。
　中にはマイナスの評価で保護者と職員の考えが一致するものもあることでしょう。その内容については，次年度の重点指導項目に位置付けて，改善を図っていくことになります。
　教育反省を来年度に生かすとは，具体的な方策を教育課程の中に示していくことなのです。

心得 49

反省は，懺悔をするために行うのではない。
改善点を具体的に把握し，次年度のレベル向上をめざす。
保護者と教師の思いを重ね合わせる。

第５章　教育課程をつくる〜学校の未来が見えてくる〜

第5章
教育課程をつくる
〜学校の未来が見えてくる〜

50 時数配当表をつくる

> **CHECK** 基本方針が固まったら，授業時数の割り振りへと進む。週の時数，月の時数，年間の時数を決定するまでの基本的な考え方を押さえる。

☑ 週の授業時数を決める

　各教科等の年間授業時数（小学校）は，学校教育法施行規則第51条（別表第1）に示されています。これは，「標準時数」と呼ばれ，下回ってはならない授業時数です。

　年間の授業週数については，学習指導要領の解説（総則編）に，

各教科等の授業時数を年間35週（第1学年につていは34週）以上にわたって行うように計画すること

と示されています（小学校）。

　心得26でも書きましたが，これは，各教科等の標準時数が35の倍数を基本として設定されているからです。

　例えば，小学校4，5，6年の総授業時数は，それぞれ980時間です。これを35でわると，980÷35＝28となります。

　これは，4年以上は，1週間に28時間の授業時数が基本となることを意味しています。具体的には，月，水が5時間，火，木，金が6時間授業というような形になります。

☑ 週の教科の時数を決める

　各教科等の時数は，基本的には35の倍数になっていますが，そうではないものもあります。
　小学校6年生の例で述べます。
　国語と算数は，ともに175時間です。これを35週でわると5時間。
　国語と算数は，週に5時間，つまり，毎日授業があることになります。
　同じように計算すると，次のようになります。

　　　　　　社会・理科　　　　　　各　週3時間
　　　　　　総合　　　　　　　　　　　週2時間
　　　　　　道徳・外国語・学活　　各　週1時間

　音楽・図画工作・体育・家庭の時数は，35ではわりきれません。
　目安としては，図工・家庭・音楽は2週間で3時間，体育は2週間で5時間を設定することになります。
　以上の週の時間割を基にして，教務主任が各学年の月ごとの授業時数配当を示していきます。
　35週というのは，計算上のギリギリの数値です。
　実際には，年間40週ほどの授業日があります。
　インフルエンザ等による学級閉鎖等も考慮して，年間20時間を超える程度の余裕時数があると安心です。

心得50

授業時数確定のキーワード（数字）は，35。
35を基にして，週，月，そして年間の時数を決定していく。
不測の事態に備えて，余裕時間を確保せよ。

第5章
教育課程をつくる
～学校の未来が見えてくる～

51 年間行事予定などは エクセルの複数シートに

> **CHECK** 教育課程は，つくれば終了ではない。
> その後の使い勝手が重要。
> 時数計算には，ここでもエクセルが活躍。

　年間予定表，月ごとの授業時数，月の行事予定表を，1つのエクセルファイルの複数シートにします。

　3種類のシートをリンクさせて，1か所に予定等を書き込めば別のシートにもコピーされる仕組みをつくることも可能です。

　月の行事予定表は，校内だけではなく，公民館などの外部の関係団体にも届けます。ですから，リンクのシステムをつくるよりも，このファイル内で「コピー→貼り付け」の手作業を行い，必要な事柄を後で加筆した方が（私は）便利です。

　リンクさせると便利なのは，月ごとの授業時数です。
　それまでの累計授業時数を自動的に計算する式を入力しておきます。
　エクセルを使用すると，電卓は不要になります。
　計算式の入力は，一度覚えてしまえば簡単です。ぜひ，トライを！

心得51
複数シートにする。
リンクさせると便利な仕事には，計算式を入力。
エクセルと仲良しになろう。

51

・年間一覧（予定表）
・月の授業時数
・月の月歴（行事予定表）
これらを複数シートにまとめます。

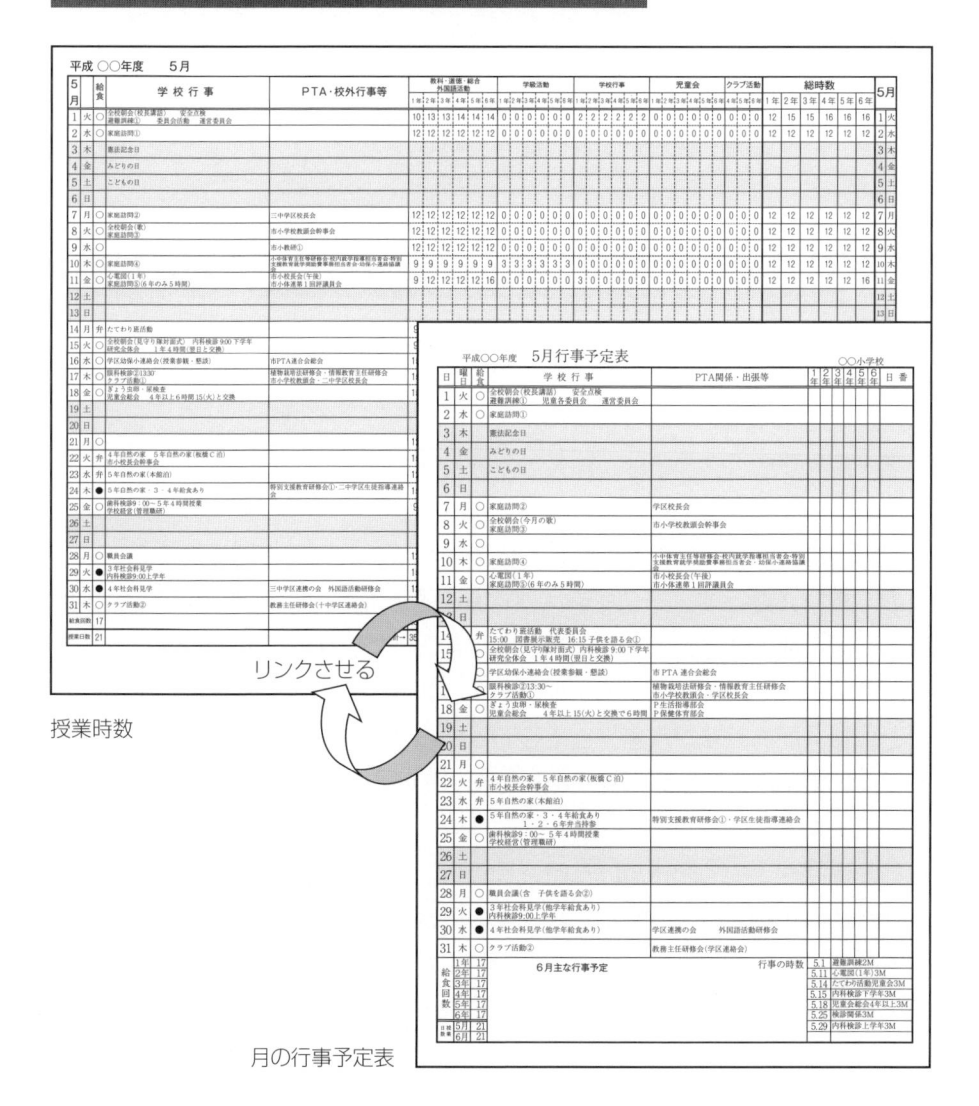

授業時数

リンクさせる

月の行事予定表

第5章　教育課程をつくる～学校の未来が見えてくる～

第5章
教育課程をつくる
～学校の未来が見えてくる～

52 校風＋"新しさ"を

> CHECK　変えるべきこと。
> 受け継ぐべきこと。
> これらは，根本で1つになっていく。

☑ 猛暑！　どうする!?

　2012年夏は，もう嫌になるくらいの猛暑でした。

　5時間目の授業のときには，教室の温度計が35度近くまで上がり，とても勉強ができる環境ではありません。

　唯一授業が成り立つのは，体育の水泳ぐらいでした。

　来年度の天候は，だれも確定はできません。

　でも，これほどの猛暑を経験した後ですので，教育課程編成のうえで何らかの工夫が必要です。そこで考えたのが，8月最終週の午前授業です。（関東などその他の地方では8月末日まで夏休みというのが一般的ですが，東北地区では8月20日ごろから新学期が始まります。これは，冬休みが長いからだと思われがちですが，意外とそうではありません。むしろ，長いのは春休みです。さらに，余裕時間を多めにとっている学校が東北地区には多いのです）。

　この週は，1つの学年だけ5時間授業とし，5時間目に水泳の授業を行います。他学年は，午前授業とします。必要があれば，児童を残して放課後の個別指導や児童会関係の活動等も行うことができます。

☑ "新しさ" と変わらないもの

　不易流行という言葉があります。

　これは、もともとは芭蕉俳諧の理念を表す言葉です。

　いつまでも変化しない本質的なものを忘れない中にも、新しく変化を重ねているものをも取り入れていくことを意味します。

　そして、それらは根本において1つに結合していきます。

　これを教育に置き換えて考えると、どうなるでしょうか？

　ICT（information and communication technology＝情報通信技術）を活用した授業や、今日的課題と呼ばれる環境、福祉、国際化などを扱った授業があります。

　これらは、教育界の新しい動きです。

　けれども、その根本にあるのは、教育基本法のいう「人格の完成」です。

　私たち教師が、子供たちの幸せを願って日々の教育実践を積み重ねているという事実において、両者は1つになっていきます。

　教育課程の編成も同じです。年度ごとに変わっていくこともあります。

　しかし、それは決して今までの校風や伝統を否定することではありません。教育目標の具現化を目指す点において、1つになっていく変革なのです。

　8月最終週の午前授業の取り組みも、子供たちの学習環境を改善することに目的があります。

　教師の仕事は、子供たちの幸せのためにあるのです。

心得 52

何を変え、何を踏襲するのか。
それが、本当に子供たちの幸せにつながるのかどうか。
斬新な提案の賛否は、そこにかかってくる。

第5章
教育課程をつくる
〜学校の未来が見えてくる〜

53 年度末の表簿を確認する

> **CHECK**
> 年度末，表簿の点検が待っている。
> 人は，催促されないと，なかなか動き出せない。
> 計画的な作成に向けて，教務主任がやるべきことは何か？

☑ 指導要録と出席簿

　教育課程編成の完成のイメージができてきたころ，同時に進めなければならない仕事があります。

　それは，表簿の確認です。

　備え付けておかなければならない「法定表簿」については，**心得18**に書きました。

　この中で，特に重要なのが，出席簿と指導要録です。

　　校長は，児童等の指導要録を作成しなければならない。
⇒学校教育法施行規則第24条
　　校長は，当該学校に在学する児童等について出席簿を作成しなければならない。
⇒同第25条

　指導要録は，児童・生徒がどのような学校生活を送っていたかを証明する公的文書です。そして，同じく公的文書である出席簿は，在学中の出席状況を証明します。

　両方とも，法的に作成が義務付けられていることを確認すべきです。

☑ 確実に作成するために

　朝の会の健康観察で使われるのは，保健室から配られる健康簿です。

　健康簿にその日の出席状況を記入したら，すぐに出席簿にも記載する習慣をつけます。後でまとめて記載しようとすると，ますます大変になります。

　これは学級担任の仕事になりますので，教務主任からの定期的な声がけや月ごとの出席簿の点検などが効果的です。

　指導要録の作成は，その手順を職員が共通理解しておく必要があります。

　教科の評価はどのように行うのか。コンクールの受賞や大会の入選はどの範囲まで記入するのか。

　これらのことを事前に確認しておけば，指導要録の作成もスムーズに進みます。

　計画的な作成のためには，作成日程を示しておくのがいいでしょう。

　書類作成は，どうしても後回しになりがちです。年度末までに，全学級担任が確実に指導要録を完成することができるように，教務主任が作成日程案を提示するなどの工夫が必要です。

　なお，指導要録はこれまで，本人に対する教育上の影響を考慮して「開示請求には応じない」とされてきました。けれども近年，個人情報保護条例の制定などもあり，指導要録の開示が本人や保護者から求められることもあるかもしれません。

　実際に，平成15年11月の最高裁判決で，「主観」が入る「所見」などを除いて，客観的評価の部分について開示を認めるよう判示されています。

心得 53

表簿を正確に，確実に提出してもらうために，まずは，教務主任自身が動く。
開示も視野に入れて，客観的評価に努める。

第5章　教育課程をつくる〜学校の未来が見えてくる〜

第5章
教育課程をつくる
〜学校の未来が見えてくる〜

54 提出書類をまとめる

> **CHECK** 教務主任としての最後の一山。
> それは，教育委員会への提出書類。
> 提出書類にも種類がある。

☑ 教育課程の実施報告

　教育委員会に提出する書類には，3種類あります。

　まずは，報告と届出です。

　報告とは，「事後報告」という言葉からもわかるように，実施したこと・終えたことを伝えるという意味です。

　心得9に書いたように，教育課程の実施状況報告は，翌年度の4月末日までに行わなければならない一番手間のかかる報告です。

　これは，今年度（3月中）のうちに作成しておきましょう。

　年度末には，職員の異動があります。

　教育課程の報告の中で，授業時数の実施については，担任に聞いて確かめなければならない項目もあるかもしれません。

　そんなときに，その担任が転勤してしまって，ここにはいない…，などということになると，ちょっと面倒です。転勤先の学校に電話をかけて，いちいち確認しなければならなくなります。

　また，自分自身も突然の辞令で異動になることだってあるのです。

　ですから，そのときになってあわてないためにも，教育課程の報告書類作成は，教育課程編成と同時進行しながら，余裕をもって進めておくようにしましょう。

☑ 教育課程の届け出

　規則や条例でよく使われる表現に，
「あらかじめ届け出なければならない」
という言葉があります。
　届出とは，「これから行うことについて伝える」ということを意味します。
　3月に完成した教育課程は，来年度実施されるものです。
　ですから，これから実施する教育課程を4月末日までに届け出るわけです。
　こちらの届出書類は，4月になってから作成しても間に合います。
　けれども，形式的には，「前年度の実施報告」と似ているはずです。
　できるだけ，報告書類と届出書類の両方をまとめて作成することをおすすめします。
　年度末が忙しいのは確かですが，新年度，特に4月は，さらに忙しくなります。
　何事も見通しをもつことが大切です。
　提出書類には，報告と届出の他に，もう1つあります。
　それは，承認です。
　承認とは，教育委員会の許可をもらわなければならないという意味です。
　承認が必要なのは，例えば，土曜日に学習参観日等を設定して授業を行う場合などです。これは職員の勤務にかかわってきますので，この手続きは，教頭が行っているはずです。
　提出書類には，報告・届出・承認があることを覚えておきましょう。

心得 54

> 特に重要なのは，教育課程関係の提出書類。
> 年度末，提出物をきっちりそろえて，教務主任としての有終の美を飾ろう。

第5章　教育課程をつくる〜学校の未来が見えてくる〜

第5章
教育課程をつくる
～学校の未来が見えてくる～

55 4月のスタートダッシュが見えたか？

> **CHECK**
> 3月にやるべき新年度の仕事は何か？
> 見据えるべきは，4月の風景。
> 教務主任は，常に見通しをもった仕事をする。

☑ 3月中にやるべきこと

　3月の後半，学級担任は，成績処理や指導要録作成等に集中的に取り組まなければなりません。

　この時期，はじめて教務主任を経験すると，つらい年度末の表簿作成から解放されたような錯覚に陥ることがあります。これは，文字通り錯覚です。

　学級担任が成績処理をしている時期に，教務主任は新年度の準備に取りかかります。

　新年度の職員会議は，土日に重ならない限り，4月1日に行われます。

　4月になってから準備をする時間はないのです。

　4月1日から始業式までは，連日様々な会議が入ります。

　その資料は，3月中に作成しておきます。

　もちろん，新年度の校務分掌は，この時点ではまだわかりません。

　ですから，担当者名を入れる箇所は空欄にしておいて，資料のおおよその枠組みを完成させておきます。

　そして，データをしっかり管理して，4月には必要事項を加筆してすぐに印刷できるようにしておかなければなりません。

　もし，自分が転勤になったときには，そのデータを次の教務主任にきちんと引き継ぎます。

3月は別れの時期、4月は出会いの時期です。
　たとえ、自分がその当事者（転出者）になったとしても、その段取りは教務主任が行います。
　離任式、職員の送別会、新任式、始業式、PTA主催の歓送迎会…。
　ぬかりはないか、1年前の資料を調べて確認します。

☑ めざすべき姿

　本書を手にとってくださった読者の先生方の中には、今年度、はじめて教務主任を経験したという方もいらっしゃることと思います。
　経験は、何事にも代えがたい自分の財産です。
　1年間の経験が、翌年への大きな力となります。
　私が本書に記した教務主任としての心得を参考にしながら、さらに自分らしい教務主任の仕事をつくり上げてください。
　私は、学級担任時代には、「ありがとうと言われる子になろう」をクラスの目標（めざす子供の姿）にしていました。
　「ありがとう」は、不思議な言葉です。
　自分がだれかのために何かをしなければ返ってこない言葉です。
　でも、言った人も、言われた人も、うれしくなる言葉です。
　「ありがとう」は、だれかのためになれた自分を自覚し、自尊感情をはぐくんでくれる言葉なのです。
　めざすべき教務主任の姿―。
　それは、"ありがとうと言われる教務主任"なのかもしれません。

心得 55

学年末は、新年度のスタートダッシュへの準備期間。
やるべきことを確認し、これまでの経験を生かして、さらにレベルアップした仕事へとつなげよう。

おわりに

　私は，25年間の学級担任を経て，平成23年度にはじめて教務主任になりました。
　希望したわけではありません。
　本文中でも書いた通り，教務主任は，希望してなれる職務ではないのです。
　校内の事情，職員の年齢構成…。
　いくつかの要因があり，校長が学校運営のために最適と総合的に判断して決めた校内人事の結果だったのだと思います。

　それまでの教師人生では，授業をやることが自分の最大の仕事でした。
　教務主任も，週に十時間前後の授業は担当します。
　けれども，それが「自分の最大の仕事」ではなくなりました。

学校を健全に動かしていくこと。

　それこそが，教務主任の最大の仕事なのです。

　教務主任には，それまでの学級担任時代にはなかった様々な仕事があります。
　最初から覚えなければならない仕事もあります。
　しかし，教師であることに変わりはありません。

教師の仕事は，子供たちの幸せのためにあります。

　それは，教務主任の仕事も同じです。

教務主任の仕事によって，学校が健全に動いていきます。
　その結果，子供たちに，良質な教育を施すことができるようになります。
　教務主任は，学校中の子供たち全員の担任でもあるのです。

　今後，学校現場は，ベテラン教師の退職を経て，若手の教師が増えてくると言われています。
　本書の**心得1**では，「アラフォー世代」の教務主任が登場しています。
　でも，数年後には，30代の教務主任も登場するようになることでしょう。
　ぜひ，若い感覚を学校経営に生かしてください。
　そして，おごることなく謙虚に，でも必要以上に謙遜することなく，子供たちの幸せのために教務主任の仕事をしてください。

　はじめての教務主任，特に，若い教務主任にとって，本書は必読書となるはずです。
　なぜなら，本書には，教務主任の仕事術が，学校現場からの具体的事例を基に示されているからです。
　理論や理念だけではない，本物の仕事術が本書に収められています。

　本書が，日本中の教務主任の先生のお役に立てることを願っています。

　　　　　　　　　　　　　　　2013年3月（春の音を聞きながら…）

【著者紹介】
佐藤　幸司（さとう　こうじ）
1962年，山形市生まれ。1986年より教職。山形県小学校教師。教育研究団体「道徳のチカラ」代表。温かみを感じる素材でつくる「ほのぼの道徳授業」を提唱し，独自の視点から100を超えるオリジナル道徳授業を生み出している。主な著書に，シリーズでベストセラーとなっている『とっておきの道徳授業』（日本標準）の他，『プロの教師のすごいほめ方・叱り方』『クラスが素直に動き出す！　プロの教師の子どもの心のつかみ方』(学陽書房)，『温かいネタで創る「道徳」授業』『心を育てる「道徳」の教材開発』(明治図書) などがある。
HP　🔍「道徳のチカラ」
連絡先　✉ s-koji@mwa.biglobe.ne.jp

実務が必ずうまくいく
教務主任の仕事術　55の心得

2013年5月初版第1刷刊　Ⓒ著　者　佐　藤　幸　司
2022年1月初版第13刷刊　　　　発行者　藤　原　久　雄
　　　　　　　　　　　　　　　発行所　明治図書出版株式会社
　　　　　　　　　　　　　　　　　　　http://www.meijitosho.co.jp
　　　　　　　　　　　　　　　(企画)矢口郁雄 (校正)大内奈々子
　　　　　　　　　　　　　　　〒114-0023　東京都北区滝野川7-46-1
　　　　　　　　　　　　　　　振替00160-5-151318　電話03(5907)6701
　　　　　　　　　　　　　　　　　　　ご注文窓口　電話03(5907)6668
＊検印省略　　　　　　　　　　組版所　松澤印刷株式会社
本書の無断コピーは，著作権・出版権にふれます。ご注意ください。

Printed in Japan　　　　　　　ISBN978-4-18-015027-4